ジャパン・クライシス

ハイパーインフレがこの国を滅ぼす

橋爪大三郎
小林慶一郎

筑摩書房

Japan Crisis

The Trap of Hyperinflation

Daisaburo HASHIZUME & Keiichiro KOBAYASHI

Chikumashobo Ltd., Tokyo, 2014.10

ジャパン・クライシス

ハイパーインフレがこの国を滅ぼす

目次

第Ⅱ部　最悪のシナリオ　111

まえがき

本書は、とても単純なことをのべています。

第一に、政府の借金が増えていること。……政府の借金証書である国債が、一〇〇〇兆円を超えています。国民の預貯金総額の、三分の二以上が紙切れ（国債）に化けてしまいました。国債の償還や利払いのために国債を発行する「雪だるま」状態で、このままだとあと一〇年もしないうちに、国債の買い手がいなくなります。

第二に、危機（クライシス）が起こること。……国債の買い手がいなくなると、八方ふさがりになります。国債が値下がりする↓金利が上昇する↓金融危機が起こる↓大不況になる。これを防ごうと、日銀が国債を買い支えると、通貨供給量が増える↓ハイパーインフレになる↓国民の財産が奪われる。針地獄か、それとも、血の池地獄か。どちらにしても、生き地獄をまぬがれることはできません。

第三に、それが嫌なら、増税しかないこと。……まだ間に合います。いますぐ財政再建に着手すれば（たとえば、消費税を三五％にする）、生き地獄は避けられます。増税は望ましくない面があるとしても、ハイパーインフレよりはるかにましです。

単純な理屈です。中学生にもわかります。誰もが頭の片隅で、不安に思っていることです。私（橋爪）も気になって、国債の話に注意してきました。

ところが、だんだんわかってきたのは、このままでは危機（ジャパン・クライシス）を避けられないと、専門家が口にしないことです。経済の知識がちょっとあればわかるはずなのに。なぜなのか。

海外ではどうかというと、誰もが言います。「国債の発行しすぎ？　増税すればいいのさ。日本は先進国なんだろう。それぐらいの余力はあるはずだ」。本書の主張と同じ。誰が考えても、結論はこれしかないのです。

海外の人びとは、日本の国内事情に詳しくありません。いっぽう日本の専門家は、増税がどんなにむずかしいか、よくわかっています。むしろ、わかりすぎです。政治家も、国民も、賛成するわけないよ、と思ってしまうのです。

専門家が黙っている理由。それは、増税を「やるしかない」とわかっているのに、「出来っこない」と思っているからです。やるしかないのに、出来っこないのは、矛盾している。苦しい。そこで問題から目を背け、考えないことにする。これがおそらく、日本の専門家が何も言わない理由です。

業界の「おきて」もあるのでしょう。みんなが黙っているのに、誰かが口を開けば、仲間はずれにされます。国債は多すぎて、銀行も生命保険会社も、しこたま抱え込んでいます。万一これが値下がりすると、大変です。値下がりが怖くて、国債を買い続けるしかない。政府も日銀もみんな共犯で、本当のことが誰も言えないのです。

*

専門家が黙っているのなら、誰かが、声を上げなければならない。

これが、私（橋爪）が、本書を出さなければと思った理由です。

でも素人がいきなり、偉そうなことは言えません。

そこで旧知の、筑摩書房編集部に相談しました。どなたか経済の専門家で、財政学に詳しくて、国債の問題に積極的に発言している勇敢なひとはいませんか。いました、と返事があって、小林慶一郎先生と一緒に本が出せることになりました。

対談は、二〇一三年の秋に三回、行なわれました。もっぱら私が聞き役になり、小林先生にイロハから教えていただきました。この問題を考えるのに、ちょうどよい手引きになっていると思います。

対談してわかったのは、二人とも同じことを考えていたこと。専門的な内容は小林先生にお任せして、私（橋爪）は、一般の読者にわかりやすく伝えることに徹しました。

本書は、三部からなります。

第一部は、国債がなぜこんなに発行されているのか。財政や、国債の仕組みや、銀行や生命保険や企業の財務や、マーケットや外貨取引や、……について、基本的なことがらを押さえました。経済に詳しい読者の皆さんには、復習のつもりで読んでいただければと思います。

第二部は、ジャパン・クライシスが現実のものとなったら。これから起こる日本経済の地獄を、肌身で実感してもらおうと、小説風のストーリーを用意しました。第一幕から第四幕まで、対談とサンドイッチになっています。いったん始まった危機が、とめどなく進行し、人びとの生活を押しつぶしていく様子が描かれます。

第三部は、ジャパン・クライシスを防ぐには。今ならまだ、間に合います。財政再建を宣言し、消費税を三五％に増税して、五〇年間税金を払い続けるのです。酷なようですが、国民の資産も、金融システムも、社会保障も、市民生活も守られる。これがもっとも合理的な、唯一の選択であることを、検証します。

＊

ジャパン・クライシス（日本の経済危機）が、やってくる。

本書は、こう予言します。

けれども、私ども著者二人は、この予言が外れることを、願っています。ジャパン・クライシスは、最悪の破局です。詳しくは第二部をお読みいただきたいのですが、人びとの資産はハイパーインフレで吹き飛び、年金も破綻して、退職して定収入のない高齢の人びとがとりわけ苦しむことになります。銀行や企業も倒産し、現役世代の人びとも路頭に迷うでしょう。若者は進学どころでなく、誰もが人生を狂わされます。

私ども著者が願うのは、読者の皆さんが、この冷厳な事実に目を向け、迫り来るジャパン・クライシスの危険について、正確な認識をもっていただくことです。そして、自分たちの生存を守れと、声をあげていただくことです。政治家たちは、真実から目をそむけ、政府が景気対策（国債の増発）を進めれば、経済も暮らしもよくなるかのような、幻想をふりまいてきました。そのため危機は、ますます深まりました。もはや一刻の猶予もなりません。それを自分のこととして、考えていただきたいのです。

社会には、法則があります。経済にも、法則があります。その法則は、人びとの主観的な願望や希望では、動かせません。

社会科学の任務は、この法則を明らかにすることです。そして、この法則に従うなら、近い将来にどういう結果が待っているか、警告することです。本書はこの、社会科学の使命を果たそうとするものです。

この警告が、一人でも多くの読者の皆さんに届き、国民の声が世論を動かし、政治を変えて、日本がこの破局から逃れるように。そう、切に願うものです。

二〇一四年八月一五日

橋爪大三郎

第Ⅰ部

すぐそこにあるクライシス

——一〇〇〇兆円を突破した日本の借金

1　一億三〇〇〇万人のための基礎知識

橋爪　いま日本経済は、**いつ心筋梗塞で突然死してもおかしくない、成人病のかたまり状態だと私は思っています。**そこでまず、第Ⅰ部ではその病状を診断したい。血圧や中性脂肪や悪玉コレステロールや体重や心電図や動脈硬化の進み具合や……で、心筋梗塞がどれくらいさし迫った危険か、わかる。日本経済の病状診断のための、データをまず教えていただきたいのです。一般の読者の皆さんにもわかりやすいように。

小林　わかりました。

橋爪　第Ⅱ部は、第Ⅰ部の診断を踏まえて、かりに心筋梗塞が起こったら、どんな症状に見舞われることになるのか、考えてみたいと思います。

小林　**具体的な症状としては、ハイパーインフレ**ですね。インフレが二％では止まらなくなり、一年間で物価が二倍、三倍と急上昇して国民生活が成り立たなくなる。

橋爪　ハイパーインフレ。それは大変だ。

第Ⅲ部は、そうした破局的な症状をまねくことなく、日本の経済と社会がすこやかに体質を改善するには、どうしたらよいのか、その道筋を考えてみたいと思います。

小林　専門家の間では、日本経済の先行きを心配するひとは多い。でも、一般の人びとはなんとなく人ごとのように思っていて、真剣に考えているひとが少ない。橋爪さんと対談することで、日本経済が最悪のシナリオをまぬがれる道が開けるとよいと思います。

国債とはなにか？

橋爪　それではさっそく、基本的なことから順番に、うかがっていきます。

先日ニュースで、**国の借金が一〇〇〇兆円の大台を突破したと報じていました**（※1）。**日本のGDP（国内総生産）の二倍あまり。まさに目のくらむような金額**です。

これがどれくらい異常なことか、国民一人あたりに直してみましょう。日本の人口を一億三〇〇〇万人だとすると、**一人約八〇〇万円、四人家族なら三二〇〇万円の借金がある計算**です。これが個人の借金なら、夜逃げでもしなければどうしようもない。でも、

1　二〇一三年八月一〇日付日本経済新聞によると、財務省は同月九日、国債や借入金、政府短期証券をあわせた「国の借金」の残高が、二〇一三年六月末時点で一〇〇〇兆円を突破したと発表した。残高の内訳は、国債が八三〇兆四五二七億円、借入金が五四兆八〇七一億円、一時的な資金不足を補うための政府短期証券が一一三兆三六八三億円だった。

国の借金だからと、みんなのほほんとしている。自分のことでありながら、大部分の日本人は、あんまりピンと来ていないのではないでしょうか。

でもこれは、現実の数字です。一〇〇〇兆円の国債発行残高は、われわれが現実に背負っている借金の総額にほかならない。

そこでまず、基本的なところから聞きます。国の借金の大きな割合を「国債」が占めるわけですが、そもそも国債とは、どういうものなのでしょう。

小林　政府の活動にはお金がかかります。公務員には給料を、公共事業の請負業者には工事代金を支払わなければなりません。**本来なら税収から支払うべきですが、足りない場合には国債を発行し、家計や銀行にそれを買い取ってもらう。いわば借金です**が、そのようにして借りたお金で支払いを済ませるわけです。そのとき政府が発行する債務証書が国債なのです。

橋爪　借金を、証券化しているわけですね。

小林　そうです。

橋爪　なぜ証券化、するのでしょう。

小林　証書にすることで、マーケットで売り買いができるようになる。それによって現金化しやすくなるので、国債を買いたいという人が増えるわけです。

それに対して、もし、国債償還（※2）の期限まで、つまり、満期になるまで国債を持っていなければならないとすると、買い手にとって国債の魅力は薄れてしまう。そうではなく、売買できるようにすれば、途中でいつでも現金化できるわけですから、「買ってもいい」ということになる。このようにして、国債が流通しやすくなれば、政府も国債をより多く発行することができ、したがって、より多くのお金を集めることができるようになる。そういう効用があるわけです。

橋爪　償還の期限は何年なのですか。

小林　一〇年という長期国債が標準で、さらに二〇年、三〇年、四〇年という超長期国債があります。五年、三年、二年、一年が中期国債、一年未満の六カ月、三カ月というのが短期国債です。

橋爪　それぞれ、目的が違うのでしょうか。

小林　違います。短期国債は年度内の資金繰りを融通するためのもので、年度内に消化します。一種の運転資金ですね。三〇年、四〇年ものは、道路や橋の建設といった長期にわたる公共事業のために発行されます。

2　国債や社債などの債券を発行して借りた資金を、満期時に返済することを債券の償還と言う。

橋爪　総発行残高一〇〇〇兆円のうち、最も多いのが一〇年もの、と考えていいですか。

小林　短中期債が最も多いのですが、長期債・超長期債の中では一〇年ものが標準です。ただ、超長期債の発行は増えてきています。

橋爪　なるほど。

国債は政府が、自由に発行できるのですか。

小林　日本の場合は無理です。財政法という法律があるからです。ここが日本の面白いところで、**そもそも国債の発行は、財政法によって禁じられているのです。正確にいいますと、建設国債以外の赤字国債の発行は禁じられている。**

橋爪　えっ、「禁じられている」んですか。

小林　はい、そうです。

ご承知のとおり、戦前の日本は、軍事費を国債でまかなっていました。しかし、戦争に敗れてしまったため、国債が紙くずとなってしまった。そこで戦後になって、「国債は発行しない」という法律が作られたわけです。

ところがそうなると、五〇年も一〇〇年も耐久性のある橋を造るときのコストを、現在世代だけで負担するのはおかしい、将来世代もその恩恵にあずかることになるわけだから、そういう場合に限って国債を発行してもいいのではないか、ということになった。

こうして、橋や鉄道、道路といった耐久性のあるインフラを造る場合には、国債発行が認められることになった。それが建設国債です。

橋爪　建設国債は、それで造った橋やダムが現物として残るのだから、国が借金してもいいのだ、という話を中学生のころ、聞いたことがあります。

小林　そういう議論が一九六〇年代なかばに起こって、六六年の当初予算から建設国債を発行することになったのです。また一九六五（昭和四〇）年は「四〇年不況」と呼ばれた厳しい不況だったため、税収減を補塡《ほてん》するために国債を発行せざるをえなくなった。つまり、橋や道路といったインフラを造るためだけでなく、たとえば公務員の給与を支払うためにも、国債を発行してお金をかき集めなければならなくなったわけです。

橋爪　それが赤字国債ですね。これはどうやって発行するのでしょう。

小林　特例法を制定します。「やってはいけない」と法律に書いてあるので、別の法律を作って「やっていい」ということにする。その都度、「今年はこれだけの金額の赤字国債を発行してもいい」という法律を国会で可決して、その金額分だけ赤字国債を発行するのです。これを延々と何十年も続けてきている。

橋爪　原則として禁じられているのに、毎年、特例法を制定して、赤字国債を発行し続けている。なんだか、麻薬はいけないのに、痛みが激しいとか理屈をつけて、毎年打ち続けている中毒患者みたいですね。

じゃあ誰が、国債を発行すると決めているのでしょう。国会で決めるとすると、政府ではなくて、国会ですか。

小林　特例法は政府が法案として提出します。その法案が、衆議院と参議院の両方で可決されないと、赤字国債の発行はできません。

橋爪　否決されたらどうなるのでしょう。

小林　赤字国債の発行ができなくなります。実際、二〇一二年にそういう危機が生じました。当時は民主党政権で、衆議院では赤字国債発行法は可決されたものの、参議院では自民党が優勢だったため、否決されてしまった。最終的には民主、自民、公明三党の合意ができ、赤字国債を発行することができました。しかし、衆参両院でこうした捻《ね》じれがあると、国債を発行することができず、デフォルト（債務不履行）するかもしれないという、実際に米国で二〇一三年に生じたような危機に、日本も見舞われかねません。

橋爪　国債の利率は、どうやって決まりますか。

小林　利率は政府が決めますが、現実にはマーケットが決めているといっていいでしょう。それは国債の売り方と密接な関係があります。今は入札方式を取っています。たとえば、「一〇年後に一〇〇万円を返します」という国債の入札を、政府が募るわけです。これに対して銀行や証券会社が、「その条件なら現金九〇万円で買います」というふうに応札する。こうして利率が決まっていく。

橋爪　では国債に、利率は記載されていないのですね。

小林　記載されている場合もありますが、実際にはその通りになることはありません。というのも、先に述べたように、マーケットによって決まっているからです。たとえば、一〇年後に一〇〇万円という国債を九〇万円で買ったとすると、年間約一万円ずつ利子がつくのと同じなので、年一％くらいの利率になるわけです。

誰が国債を買っているのか？

橋爪　国債の買い手としては、銀行や証券会社といった、機関投資家がいるわけですが、それ以外の企業や個人も自由に買えるものなのでしょうか。

小林　いえ、政府から直接、国債を購入できるのは証券会社や銀行などの金融機関に限られています（プライマリーディーラー制度（※3））。

橋爪　とすると、一般企業や個人は、国債を「間接的に」買うわけですね。

小林　はい、個人や民間企業が、金融機関（証券会社や銀行、生損保など）に預金や生命保険口座としてお金を預け、そのお金で金融機関が国債を購入し、資産として保有している、という形になっています。このほか、個人向け国債というものがあり、募集期間内に金融機関等に申し込めば、誰でも購入できるようになっています。

橋爪　国債を主に保有しているのは、誰ですか。

小林　銀行と生命保険会社ですね。とりわけ、銀行が保有する割合が非常に高くなっています。といっても、ここ二〜三年は、メガバンクは保有量を急激に減らしつつあります。それとは逆に、地方銀行や信用金庫、信用組合といった「小さな金融機関」は長期国債を大量に保有したままです。彼らは地元企業への貸出が減ったため、お金を他で運用するしかない。たとえば海外の企業への貸出ですが、大銀行とちがって中小の金融機関は、海外に貸出を行なうための設備も人材もない。そこで、やや漫然と国債の保有量を増やしてしまっているのです。

生命保険会社について言うと、三〇〜四〇年という長期スパンで契約を結び、顧客管理を行なうので、長期国債を保有しているのは何かと都合がいい。長期国債が満期になったら政府からお金を戻してもらい、それを保険契約者に返すというビジネスモデルです。

もちろん一般企業も国債を保有していますが、銀行、生命保険会社と比べれば圧倒的に少ない。家計が直接的に保有している国債の割合はそれ以上に少なくて、個人向け国債と合わせても、微々たる額にしかなりません。

橋爪 日本の国債は国内で消化されていて、海外には流れていないと聞きます。外国人は日本の国債を購入できないといった規制があるのでしょうか。

小林 いいえ、そんな規制はありません。現に、日本の国債の七％余りは外国人投資家が保有しています。残り九二％を、国内の金融機関や投資家が持っている。外国人も外国企業も、日本のマーケットで日本人投資家と同様に国債を買うことができます。

橋爪 どんな外国人が、日本の国債を買っているのでしょうか。

小林 ひとつには、海外の中央銀行ですね。外貨準備のひとつとして日本国債を買っています。このほか、海外の金融機関やヘッジファンドも、日本の国債を持っています。彼らはリスクを分散化するために、金融市場に流通している金融商品を万遍なく買っていて、その一環として日本の国債も保有しているわけです。日本の国債の発行量は何しろ膨大ですから、一応、ポートフォリオに入れておこうという消極的な理由で買っている

3　プライマリーディーラー制度（国債市場特別参加者制度）とは、一定の量以上の国債を購入することなどの条件を前提に、財務省が金融機関をプライマリーディーラーに指定する制度。プライマリーディーラーは国債の入札に参加して、政府から直接、国債を購入することができる。

ようです。それが積もり積もって、全体の七％くらいになっている。

橋爪　七％といっても、全体が一〇〇〇兆円だから、七〇兆円。

小林　小さな国の国債発行量を超えるような金額です。

橋爪　日本の国債を保有する動機がそうした消極的なものであれば、外国人はいつでも国債を売れますよね。

小林　もちろん、自由に売れるし、自由に買えます。

橋爪　損すると思ったら、売りますか。

小林　即、売るはずです。しかし、各国の中央銀行は、日銀や日本政府との付き合いのために購入している面がありますから、いくら自由に売れるといっても、日銀や日本政府が苦境に陥るような売り方はしないと思います。

橋爪　ヘッジファンドはそういう配慮をするでしょうか。

小林　しないでしょうね。いくら日本政府や日銀が圧力をかけても、言うことを聞くような相手ではありません。

ただ、ここ二〇年のことで言うと、日本の国債はもう駄目だろうと幾度も海外で噂になって、ヘッジファンドが日本国債売りを仕掛けてきたのですが、そのたびに国内投資家が買い支えて乗り切ってきました。つまり、日本国債を売り崩そうとした海外のヘッジファンドは必ず失敗してきたんです。ですから、海外のヘッジファンドもだいぶ懲りていて、日本国債を空売りしたり、値崩れを起こさせたりするような戦略は、そう簡単には採りにくくなっています。

国債が紙くずになる!?

橋爪　じゃあつぎに、国債の「償還」とはどういうことでしょう。

小林　**国債が満期になり、保有者がその満期国債を政府に渡すと、政府が額面通りの日銀券に交換してくれる。これが国債の償還ということ**です。簡単に言うと、政府が借金を返済することです。

橋爪　では、デフォルト（債務不履行）とはどういうことですか。

小林　政府が借金を返済できない状況のことです。額面一〇〇万円の国債を償還する期限が来たので元金を戻してもらおうと政府に持って行ったのに、一〇〇万円の日銀券がもらえないという状況です。

橋爪　債務不履行による不法行為と言ってもいい？

小林　はい。

橋爪　とすると、それは民事上の不法行為になりますか、それとも刑事上の不法行為でしょうか？　手形を支払えない場合は民事上の罪を問われるだけですが、小切手を支払えない場合は刑事犯になると聞いたことがあります。国債は手形なのか小切手なのか、という質問です。

小林　はて、刑事犯かどうかという視点で考えたことがなかったです。おそらく刑事犯にはならないはずです。法律上は手形の不渡りと同じ扱いになると思います。

橋爪　それなら国債がデフォルトになっても、政府の人びとは誰も逮捕されないし、責任も取らないだろう、ということですね。

これまで国債がデフォルトになった例を教えてもらえますか。

小林　記憶に新しいところでは、九八年夏にロシアがデフォルトに陥っています。その前からロシアの財政状況は悪化していたのですが、そこに来て、九七年にアジア各国で通貨が急激に下落（アジア通貨危機）、その余波もあって、ロシアの通貨であるルーブルが暴落し、国債償還が困難になりました。そのため、九〇日間のモラトリアム（対外債務の元利金の支払い停止）を宣言するとともに、債務の返済期限を延長せざるを得なくなりました。これがロシアのデフォルトです。このロシア財政危機によって、ロシア国債に莫大な投資をしていた米国の大手ヘッジファンド、ＬＴＣＭが破綻しました。ＬＴＣ

Mの役員にはノーベル経済学賞を受賞したロバート・マートンらが名を連ね、その信用で巨額の資金を米国で集めていましたから、LTCMが破綻すれば世界の金融システムが崩壊する、という危機感が広がり、ニューヨーク連銀が主導して救済しました。世界的な金融恐慌が起きる一歩手前まで行ったのです。

橋爪 デフォルトが起きたわけですから、満期になったロシア国債が償還されなかったというのはわかります。まだ満期になっていない国債はどうなったのでしょうか。

小林 「ロシア国債が危ない」という心理がマーケット中に広がり、世界中の投資家たちが、満期になっていないロシア国債を売ろうとしました。しかし、当然のことながら、買い手はつきませんから、価格は暴落。

橋爪 どれくらい暴落したのでしょうか。

小林 暴落といっても、国債が紙くずになるほどではなかったと思います。このときロシアの通貨ルーブルの対ドルレートは、危機前の六分の一の価値まで下落しましたから、そのくらいの価値低下があったと思います。ロシアは天然ガスや石炭などの資源が豊富なので、経済の基礎体力は強かった。そのため、ルーブルが安くなると資源輸出が増えて、しばらくしたらロシア経済は持ち直しました。ただ、波及効果が大きすぎたので、世界的な経済危機を招いてしまったのです。

橋爪　第二次世界大戦後に、国債が紙くずになった例はありますか。

小林　日本では敗戦直後、軍が発行していた軍票が価値を失ってしまい、文字通り、紙くずとなってしまいました。ただ、あれは国債ではなく通貨でしたから、また別の話です。それで言うと、敗戦直後、日本の国債は保護されていまして、償還もされています。しかし、戦後の日本では物価が何百倍にもなるという悪性インフレが起きています。名目上、国債は償還されましたが、インフレによって実質的な価値は暴落していたので、「国債は紙くず同然になった」という表現は間違いではありません。

橋爪　つまり、国債が紙くずになった例はあるということですね。

　では、戦争以外の理由で国債が紙くずになってしまった例はありますか？

小林　すべての国債が紙切れになってしまうという事例はないと思います。

　アルゼンチンが二〇〇一年に債務不履行宣言を発したとき、アルゼンチン政府は、同国の国債を保有している海外の金融機関に対して、「返済額を減額してくれ」と交渉したのですが、決着がつかず、未だに裁判で争っています。

橋爪　それは、債務の圧縮を債権者に持ちかけるような話ですか。

小林　そうです。期限通りに国債の償還ができないということは、政府が倒産するのと同じことですから、言ってみればこれは、倒産後の債務の圧縮交渉を、今に至るまで延々と続けているようなものです。もちろんアルゼンチンは、新たに借り入れをしたいのですが、海外の銀行はどこも貸してくれないという状況が続いています。

橋爪 デフォルトは、手持ちの現金がないから生じるわけですが、そのときに、中央銀行が紙幣をどんどん印刷するという選択肢もあるのではないですか。

小林 自国通貨建ての債務ならばそうですが、アルゼンチンの場合は、ドル建ての債務だったので、返済はドルで行なう必要があった。アルゼンチン政府はドル紙幣を印刷できませんから、手持ちのドルが足りなくなって、デフォルトしてしまったのです。日本の場合、そのようなデフォルトは、ほぼ完全に避けることができます。

橋爪 どういうことでしょう?

小林 橋爪さんが言われたように、日銀が紙幣をどんどん刷って、その紙幣を満期国債の保有者に渡すというオペレーションが可能だからです。法律上、難しい面もありますが、制度を整えれば、不可能ではありません。

橋爪 なるほど。「国債を引き受けてその代わりに、日銀券を渡しなさい」と、政府が命令したら、日銀はそれに従う義務がありますか?

小林 ありません。ですから、「政府は、日銀に言うことを聞かせることができる」という法律を新たに作らなくてはなりません。

橋爪　日銀には独立性がありますよね。

小林　はい。このため日銀は、国債の買取り量を自分で判断しています。

橋爪　ということは、政府としては、「いざとなったら日銀が自主的に判断して、無制限に国債の買い入れをやってくれるだろう」と、期待するしかないわけですか。

小林　現行制度では、政府と日銀の間で阿吽《あうん》の呼吸で、国債のデフォルトが起きないような政策を日銀が取るというかたちになると思います。しかし、確実にリスクを回避することを考えるならば、日銀の独立性を奪うような法律を新たに作らなければなりません。

橋爪　もしもデフォルトに陥ったとしたら、債務がいったいどれくらいの額になるのか、ちょっと想像がつかないのですが……。いま、毎年どれくらいの国債が、償還期限を迎えているのでしょうか。

小林　毎年一二〇兆円くらいです。

橋爪　うわあ！　一二〇兆円！

小林　つまり政府は、満期を迎えた国債の元金を返済すべく、毎年、一二〇兆円規模のお金を用意しなければならない。

橋爪　とすると政府は、一二〇兆円を毎年用意しなければならないので、その分の国債を新規に発行しているということですか。

小林　正確には、借り換え国債を新たに発行しているということですね。しかし、それだけではありません。予算と税収の不足分を補うために、毎年、三〇兆円から四〇兆円分の国債を新規発行しているのです。合計すれば、毎年、約一六〇兆円分の国債を発行していることになる。

橋爪　マーケットの状況が悪化して、新規国債を発行できなくなったなら、一二〇兆円分か一六〇兆円分かの日銀券を刷らなければならなくなるということですか。

小林　基本的にはそうです。ただ、満期を迎える一二〇兆円分の国債の四割ほどは日銀が持っていますから、その分は日銀券を発行しなくてもいい。それでも、残り六割に当たる六〇兆から七〇兆円分と、国債の新規発行分の四〇兆円分を合わせた一〇〇兆円分の日銀券を発行しなければなりません。

橋爪　日本の通貨の発行量はいま、どのくらいですか。

小林　いわゆる現金（一万円札などの日銀券）はいま約九〇兆円分が流通しています。民間の銀行が日銀に預けている当座預金もいつでも現金化可能なので、それと現金を合わせたものをマネタリーベースと呼びます。マネタリーベースは日銀が金融政策で日々調整していますが、最近は約二二〇兆円あります。二〇一〇年にはこれが約一〇〇兆円でした。

橋爪　そこに一〇〇兆円の日銀券が新たに注入されたなら、明らかに、インフレになりますね（※4）。

小林　毎年そのペースで増え続ければ、インフレですね。それも、容易には止められないような、ひどいインフレになるはずです。

橋爪　ある年にそれが起きたなら、どうなりますか。

小林　次の年もその次の年も、誰も国債を買わない状況が続けば、その分を日銀が買い支え続けなければならないことになります。

橋爪　デフォルトは起きないものの、かわりに日銀券を刷り続けるから、インフレが生じるということですね。

小林　はい。

国債の買い手がつかず、日銀がそれを買い支える状況が続けば、ひどいインフレが生じて、それをコントロールできなくなる可能性があるということです。

病状診断のポイント

1 日本経済は、いつハイパーインフレ（心筋梗塞）に見舞われてもおかしくない状況である。

2 国の借金額は一〇〇〇兆円を突破した。一人当たり約八〇〇万円の借金がある計算になる。

3 国債とは、税金の不足を補うために発行される政府（＝国民）の借金である。

4 満期になった国債を政府に渡せば、政府は額面通りの日銀券に交換してくれる。これを国債償還という。

5 国債の借り換えと税収の不足分を補填するため、政府は毎年、約一六〇兆円分の国債を発行している。もしこれをすべて日銀が引き受ければ、早晩、悪性インフレになる。

4 物価水準Pと貨幣供給量Mの関係は、貨幣の流通速度をV、取引回数をTとして、次の貨幣数量説の式であらわされる。

M×V＝P×T

つまり、VとTが一定なら、貨幣量Mが増加すれば、それに比例して物価Pも上昇することになる。

2　日本の借金を解剖する！

債務残高はGDPの二二〇%

橋爪　国債についての私の初歩的な疑問は、あらかたお尋ねしました。

そこで次に、そもそも国が責任をもっている借金には、国債のほかに、どのようなものがあるか聞きたいと思います。

日本の場合、地方自治体も、債券を発行することができますね。いくつかの政府関係機関も、債券を発行できる。

小林　そうです。日本の公的債務としては、中央政府が発行する国債のほかに、都道府県が発行する地方債、政府関係機関である日本政策投資銀行や、URと略される都市再生機構などが発行する財投機関債、さらには、そうした財投機関の資金調達のために政府が発行する財投債があります。

橋爪　財投債は、厳密な意味での国債ではないですよね。

小林　法律上は違うということですが、内実はまったく同じで、国債そのものです。財務省も財投債のことを国債の一種と言っています。

橋爪　それらを合計すると、一〇〇〇兆円になる。

小林　はい。その内訳は、地方債で二〇〇兆円、財投機関債で二〇兆円、そこに本来の意味での国債八〇〇兆円が加わるので、一〇〇〇兆円を超える額になるわけです。しかも、それがどんどん増え続け

図1　公債残高の累増

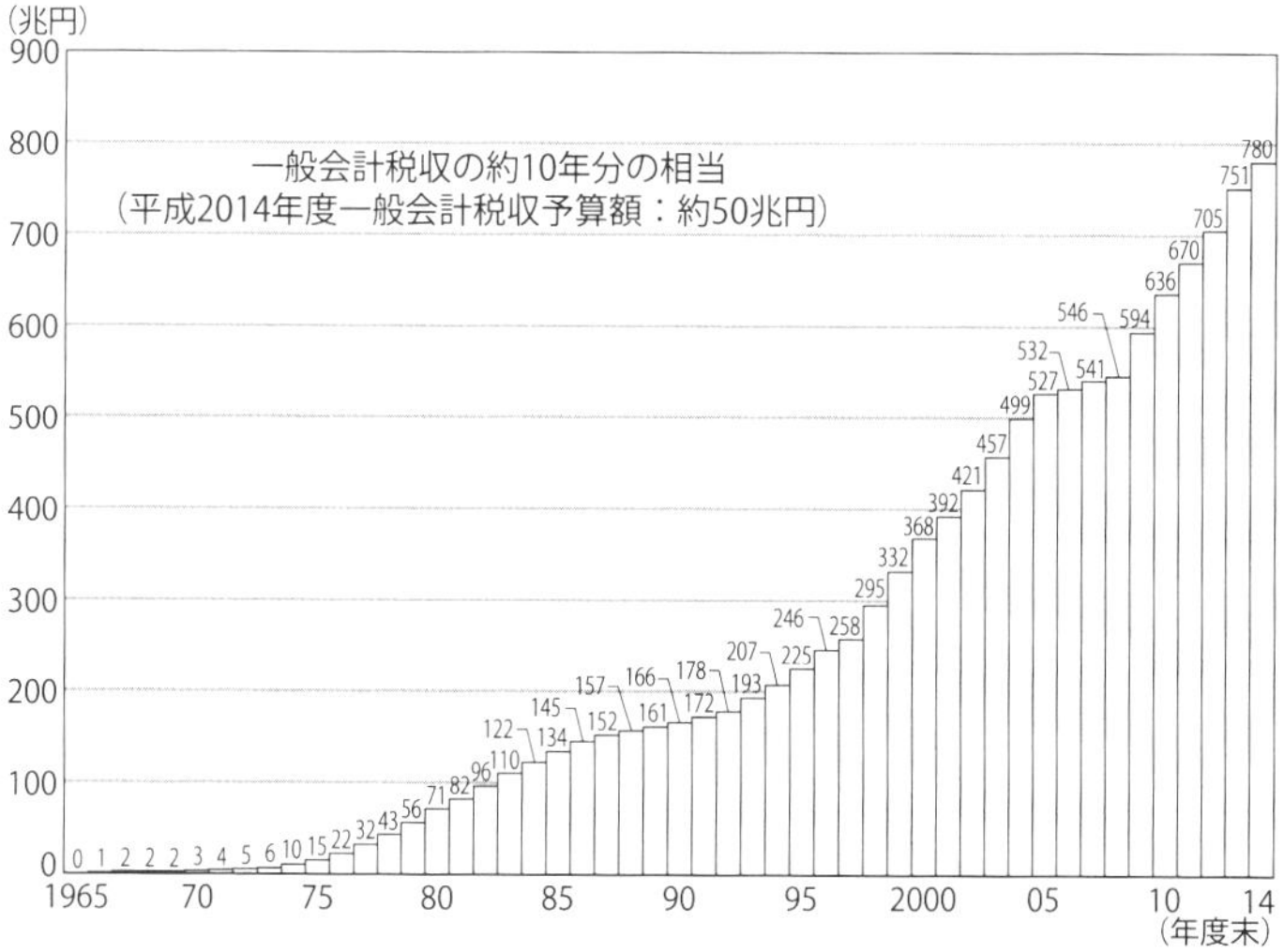

(注1) 公債残高は各年度の3月末現在額。ただし、2013年度末は実績見込み、2014年度末は予算に基づく見込み。
(注2) 東日本大震災からの復興のために実施する施策に必要な財源として発行される復興債(2011年度は一般会計において、2012年度以降は東日本大震災復興特別会計において負担)を公債残高に含めている(2011年度末:10.7兆円、2012年度末:10.3兆円、2013年度末:9.4兆円、2014年度末11.4兆円)。
出所:財務省ホームページより作成

ている。

橋爪　一〇〇〇兆円という額は、日本のGDP（国内総生産）の何％に当たりますか。

小林　日本のGDPは五〇〇兆円を切るくらいですから、二二〇％くらいでしょうか。

橋爪　それはすごい。国際的に見てその値は突出していますか。

小林　主要国の範囲で言えば、明らかに突出しています。

橋爪　国債発行残高が国家予算の二二〇％だったとしても、けっこう深刻な事態だと思います。それが日本の場合、国家予算じゃなくて、GDPの二二〇％にもなっているという。これは本当にすごいことだと思うんですが……。

小林　すごいことです。米国で六〇％ぐらい。ドイツも八〇％のレベルです。日本を除く先進国で最悪のイタリアですら、一二〇％ほどですから。ただ、日本政府は年金保険料の積立金や外貨準備などの資産をもっているので、総債務から資産を差し引いた純債務はGDPの一五〇％ほどになります。それでも十分に巨額であり、先進国で最悪です。

橋爪　にもかかわらず深刻な感じが、あんまりしない。それはなぜでしょうか。人によっては、「国債とは、資産でもあるのだから、〝莫大な借金を抱えている〟と大騒ぎすることはない」とか、「国債を保有しているのは同じ日本人なのだから、問題ない」とか言っています。これは、錯覚でしょうか。

小林　錯覚と言い得るところと、そうでないところがあります。

橋爪　え？　大事な点なので、しっかりうかがいましょう。

それは、こういうことでしょうか。ある人がある人にお金を貸せば、借りた人にとってそれは負債ですが、貸した人にとってそれは債権となる。すると、差し引きゼロになる。しかも、お金を借りたほうは、そのお金でもって、お金を借りなければ行なうことができなかった活動をして、そこから何かしらの経済的な効果を得ているわけですから、マイナスどころかプラスになる。そういう意味で、錯覚とは言えない、ということですか。

小林　はい。政府が国債を発行して借りたお金でなにか価値あるものを作って、それが政府の資産として保有されていたなら、そのとおりです。しかし、**残念ながら、国債で借りたお金は、単にばら撒かれていて政府の資産になっていない場合が多い**のです。たとえば国債で調達したお金で公共事業をして造った道路や空港は政府の資産です。しかし、それらの価値は、建設にかかったお金よりもずっと小さい。価値が毀損しているわけです。また、国債で調達したお金の多くは年金や医療の社会保障給付に使われていますが、その場合、お金は文字通りばら撒かれたわけで、政府の資産としてはなにも残っていません。つまり、国債一〇〇〇兆円という借金に対して、それを裏付ける政府の資産はずっと小さい、ということになるわけです。すると、国債一〇〇〇兆円の価値を裏付けるものは、将来の増税か社会保障給付の削減しかない、ということになります。

いま日本の国民は、国債を含めて、一人当たり一二〇〇万円の金融資産を持っていると言われています。自分たちの生活は、一人当たり一二〇〇万円の資産があるから大丈夫だと安心している。しかし、そのうち八〇〇万円は、いずれ政府が国民から取り上げようとしている分です。言い換えれば、**一二〇〇万円から、「政府の借金＝国民の借金」である八〇〇万円を引いた四〇〇万円が本当の資産なのに、それに気づかず、一二〇〇万円の資産を持っていると「錯覚」している**わけです。

橋爪　なるほど。とても大事なポイントだと思います。

街を歩いている誰かに、「もしもし、あなたは一二〇〇万円も預金があるんですよね。そこで相談ですが、私の友人にとても優秀で人柄もいいAさんがいて、レストランを開店します。きっと儲かるので、八〇〇万円貸してやって下さい」と声をかけたとして、はいはい、と喜んで貸すひとがいるでしょうか。いるわけありませんよね。Aさんとは何者で、どこでどんなレストランを始めるのか、本当に儲かるのかなどをよーっく調べて、信頼できるとなったら貸す人もなかにはいるかもしれませんが、それだってごくひと握りだと思います。ほとんどの人が、「きちんと返してもらえる保証もないのに、虎の子の八〇〇万円を貸してくれなんて、とんでもないよ」と断るに決まっています。日本人は、一人ひとりで判断するなら、バカなことはしない。

ところがいま起こっているのは、日本国政府が信用できるかどうか。きちんと確かめてもいないのに、国民が一人あたり八〇〇万円も、いつのまにか、政府に貸してしまっているということなんです。

小林　そうなんです。

銀行なら安心だと思って預金をしたら、銀行はそのお金を国に貸してしまって、その分を国債として保有している。預金した当人は、そんなことになっているとはつゆ知らず、一二〇〇万円分の銀行預金があると思い込んでいる。しかし、本当の価値は四〇〇万円しかない、というのが現状です（※5）。

橋爪　しかも、このままいくと二〇二〇年ごろには、その四〇〇万円だって、ゼロになってしまうじゃないですか。なにしろ、政府の借金は、加速度的に毎年ふくれあがっているんだから。そうなったら日本国政府は、いよいよ本性を現して、借金を踏み倒すに決

5　より正確に言えば、一二〇〇万円分の銀行預金の価値を支えるために、国民が税金として八〇〇万円を支払う予定になっている、という状況である。つまり、一二〇〇万円の銀行預金の価値を支えるために預金者自身が八〇〇万円の税を払う必要があるので、預金者の財産の本当の価値は四〇〇万円しかないと言える。

まっていると思う。

小林　そのころには国民は全財産を国債に投資している状態になるので、それ以上は国債を買い続けることができなくなってしまう。もちろん政府は、借金踏み倒しを先送りにしようとするでしょうが、そのためには海外の投資家に日本の国債を買ってもらうしかないという状況になります。でも、そんな国の国債を買う海外投資家なんて、いるはずがない。そうなると、財政破綻に陥る直前のギリシャと同じ危機的状況になります。

「隠れ負債」はトータルで七〇〇兆円！

橋爪　国債の発行残高が、ＧＤＰの二二〇％にも相当するということが、どんなに怖いことかよくわかりました。

そこでつぎに、政府の「隠れ負債」についてうかがいます。

小林先生の本（※6）によれば、年金の財源なども含めて考えると、財政支出はこれから雪だるま式に増えていかざるをえず、「隠れ負債」もどんどん増大していくとされています。これも大変、ショッキングな話です。

小林　隠れ負債。すなわち、現時点では借金になってはいないものの、この先、何とかやりくりして集めなければならないお金が、結構あります。具体的に言うと、**公的年金と高齢者医療の支払いですが、向こう五、六十年で必要になる金額は、現在価値に直せば七〇〇兆円になる。**

橋爪　それは……、とてつもない金額です。

かりに、国債の発行残高がゼロで、財政のバランスも取れているという、とっても優秀な政府があったとします。でも、その国の人口構成が、いまの日本みたいで、少子高齢化がどんどん進み、この先七〇〇兆円の支出が見込まれるとすれば、それだけでも大変なことです。

でも日本は、いまでさえ政府の借金が積み重なっている。それなのにあと、七〇〇兆円とは。どう対応すればいいでしょう。

小林　**税率を引き上げるか、約束している社会保障の給付をカットするか。そのいずれかをやるしかない**でしょうね。

橋爪　誰が考えたって、そうなりますよね。

そこでもしも、国民が、社会保障の給付カットはどうしても嫌です、と反対した場合、

6　小黒一正、小林慶一郎『日本破綻を防ぐ　2つのプラン』(日経プレミアシリーズ)

増税が必要になりますよね。消費税率を二〇%に引き上げれば、だいじょうぶでしょうか。

小林 そうですね。かりに累積債務がなければ、二〇一五年までに消費税の税率を一〇%にし、それ以後は、プラス一〇%くらいの増税で対応できるのではないでしょうか。もちろん、累積債務があればそれでは足りませんが……。

橋爪 GDPが五〇〇兆円だとした場合、消費は、GDPのどれくらいの割合になりますか。

小林 六割から七割ですね。GDPは、企業が設備投資をするお金、国民が消費したお金、政府に渡すお金の三つの要素で構成されます。うち、設備投資が一二〜一三%、消費が六五%、残り十数%が政府の支出となっています。

橋爪 なるほど。五〇〇兆円の六五%は、三二五兆円。その一%が、三兆二五〇〇億円。ということは、消費税率を一%上げるごとに、三兆円あまりの増収を見込める?

小林 消費に税をかけると、国民は節約しようとして消費を減らしますし、中小企業は消費税を免税される場合もあるので、増収は三兆円までは行きません。消費税を一%上げれば二・五兆円の税収があると政府は見込んでいますね。

橋爪 すると、消費税率を一〇%アップすると、二五兆円。それを一〇年続ければ、二五〇兆円。三〇年間だから、七〇〇〇兆円あまりの税収となるわけですね。これをまるまる財源にあてれば、高齢者医療の支払いも、なんとかなる。

小林　はい、計算上は。

どうする？公的年金

橋爪　ところで、公的年金の仕組みは、すっきり一元化されているのでしょうか。

小林　**公的年金には、自営業者向けの国民年金と、民間企業の従業員向けの厚生年金、そして公務員を対象とする共済年金の三種類があります。**二〇一五年一〇月から厚生年金と共済年金は統合されますが、現状ではこの三つに分かれています。

このうち、国民年金と厚生年金の運営業務を行なっているのが、日本年金機構という特殊法人です。ここが保険料を徴収して、年金受給者への支払いを行なっています。年金保険料の積立金は一五四兆円あります（平成二五年度末）。この積立金は年金積立金管理運用独立行政法人（ＧＰＩＦ）が運用しています。

橋爪　なるほど。

年金という仕組みの、経済学的な性質が、いまひとつ理解しにくいんです。

お金の流れとしていちばん普通なのは、売買です。これは契約で、対価（お金）を払えば物やサービスが提供される。あと、税というものもあります。政府が強制的に徴収するが、それがなんの対価なのか、あまりはっきりしない。ま、公共サービスを提供される、とも言えるが、税には再配分の側面もあるから、公共サービスを「買っている」とは言えない。

公的年金の仕組みは、そのどちらでもないように思えます。貯金とも違うし、税でもない。そもそもこれは、経済的な行為なのでしょうか。

小林 一般的な保険の売買と税の中間と言ってもいいと思います。

生命保険と同じような経済的な行為ですが、公的年金の場合、「予想外に長生きしすぎて、生活するための貯蓄が足りなくなるリスク」に対する保険商品なのです。しかし、他方でこれは、税金でもあります。若い世代からも保険料というかたちでお金を徴収し、それを高齢者へ分配している。言い換えればこれは、所得再分配をするための税金であると言っていいでしょう。

そもそも日本の場合、「公的年金とは、労働者の皆さんがお互い支え合うための保険ですよ」というフィクションから始まっているわけです（※7）。

橋爪 ほんとうに保険であれば、政府は関係ないですよね。

小林　はい。純粋に保険として運用されていれば、政府は関係がありません。「労働者の支えあい」という理念も、フィクションではなく真実になる。ところが、年金基金の財政が苦しくなっていき、保険料収入だけでは賄えなくなってしまった。このため国民年金については、支給分の半分を税収で補填する制度がつくられたわけです。こうなると、保険商品としての性格は薄れ、税金としての性格が濃くなってきた。今や、保険なのか税金なのかがはっきりしない存在です。

橋爪　うーむ。

でも、年金の保険料は税と違って、支払わなくてもなんとかなりますよね。罰則があるかどうかも疑わしい。「いま、お金がないので、保険料の支払いは待ってください」という手続きもできる。税金の場合、そうはいかないと思います。

小林　税金にも、収入が少ない人などを対象とする減免措置があります。公的年金の場合、二〇歳以上は強制加入ですから、税金に近い性格はもともとあった。

7　当時、年金の原資を税で集めるか、保険料として集めるかという選択肢があったが、保険料の方が値上げしやすいという思惑があって、「公的年金＝社会保険」という建て付けが選ばれた可能性が高い。増税する場合、多方面から反対の声が上がることが予想されるのに対し、保険であれば、「保険料に見合った給付があとで貰える」というイメージがある。このため、保険料を引き上げる場合も、増税よりは抵抗がすくなくて済む可能性が高い。

橋爪　それでも、四割以上の人が、保険料を支払っていない。これだけの人が支払わずに済んでいるわけで、差し押さえなどの罰則があるとはいえ、ほとんど実効性がない。それでは税金とは言えませんね。

小林　ＮＨＫの受信料と同じですね（笑）。厚生労働省の解釈によれば、二〇歳以上は強制的に加入させられるという意味で強制力のある保険商品である、ということになります。

橋爪　私の解釈では、公的年金はやっぱり、税金の一種です。保険料を払わないでも済むという状況からすれば、本当の税とは言いにくいんですが、でも、保険商品と考えるよりは、税と見なしたほうがつじつまが合う。

というのも、公的年金の場合、「保険料の支払額がいくらだから、給付額がいくら」と事前に約束されているわけではなくて、政府がその時々の都合で、政策的な判断によって給付額を決めている。しかも、年金基金が逼迫したら、税金で補塡することも政府で決めているわけでしょう。突き詰めれば、国民がいくら払い、いくら受け取るかを政府が決める仕組みですよね。それなら、保険商品というより、税と見なしたほうがすっきりする。

小林　これまで政府は「保険契約です」と言い続けてきたので、保険料を多く支払った人に対しては、その分、年金も多く支給しなければならないというフィクションに縛られている面もあります。しかし、**日本経済が改善しなければ、厚生年金もいずれ税金で補塡しなければならなくなるのは明らかです。にもかかわらず、経済的に豊かな人にも年金を手厚く支給するという仕組みを改められずにいる。**

橋爪　厚生年金はいま、積み立て方式ですか。

小林　厚生年金の場合、保険料から支給額を引いた残りを積み立ててはいますが、積み立て方式ではありません。保険加入者が、自分の積み立て口座をそれぞれ持っているわけではないのです。このため、個人が支払った保険料を運用してその中から年金を支払うというかたちにはなっていない。つまり、他人の保険料や税金で年金給付を補塡する賦課方式になっているのです。

橋爪　**積み立て方式は、自分が積み立てた保険料を、自分が年金として受け取る仕組み。**政府は介入しなくても、労働者の自助努力でできるので、わかりやすい。

それに対して、**賦課方式は、毎年集めた保険料を、誰にいくら配るか政府が決めるという考え方ですよね。このやり方では、保険料を支払う人と、年金を受け取る人は同じでなく、世代が異なる。**なんだ、どんぶり勘定ではないか、という印象を受けます。賦課方式では、将来の見通しにも、政府は責任を持たなければならない。

小林　そうですね。

橋爪　であればこそ、隠れ負債があると思うのです。つまり、積み立て方式であれば、自分がそれまで支払った保険料をきっちり受け取れるわけですから、隠れ負債のありようがない。それに対して、賦課方式の場合、欠かさず保険料を支払ってきたとしても、それは上の世代の年金にもう支払われてしまっている。で、いざ年金を受け取ろうとすると、受給資格のある高齢者が多数待ち構えているかもしれない。それこそ、隠れ負債ではないでしょうか。

小林　そうなんです。実際、政府の見通しが甘かったため、年金をあてにしている人がこれから増えていくのに、ＧＰＩＦが保有する資産はほとんど増えていない。それどころか、今ある基金も食いつぶされて、おそらく二、三十年以内に基金は底をつくかもしれないと言われています。

橋爪　国債を発行する仕組みがパンクして、日本政府が破産するシナリオと、年金財政がパンクして、年金が支払えなくなるシナリオは、別のことですね。

小林　はい、別のことです。

橋爪　とはいえ、国民年金にはすでに税金をつぎ込んでいて、近い将来には、厚生年金にも注ぎ込むことになるとすれば、国家財政のやりくりと年金のやりくりが一体化する可能性が高いと思う。もし、そうなれば、公的年金がパンクするのを防ぐために、国債の発行額が水ぶくれし、それが財政状況をさらに悪化させて、政府が破綻するひき金になるかもしれません。

小林　あり得る話です。

年金を清算するというアイディアもありますが、そんなことを政治家が言い出したら、たちまち選挙で落選してしまいますから、現時点では非現実的です。むしろ、何としてでも**年金を破綻させまいとしてギリギリまで支え続けて、財政と一蓮托生となり、政府と年金が同時に破綻するというのが一番ありうるシナリオ**かもしれません。

橋爪　それはなぜ、ですか。

小林　国債を発行すれば年金財政を支えられるのにそれをせず、年金の支給をストップさせるということは、おそらく政治家にはできない。なぜなら、その決断をした途端、有権者の支持を失い、政治家生命を絶たれてしまいかねないからです。

橋爪　しかし、その結果、もっとひどい事態をまねくわけだから、政治責任はもっと重くなります。**国家財政が破綻すれば、年金も必ず破綻する**わけですから。

小林　その通りで、財政状況が悪化しているのに年金だけは保証しますというのは、単に問題の先送りでしかなく、そのほうが負担すべきコストが莫大なものになるということを、政治家にしても学者にしても、有権者に納得させる努力をしなければなりません。

橋爪 国民の納得がえられない、という理由で、年金を清算するというアイディアが実現できない。ならば、国民の納得を、えられればいいわけですよね！

小林 それは間違いないです。有権者の過半数が合意すれば年金を清算しましょうという政策は、真面目に検討すべきだと私は思います。

橋爪 では、それについても、後でじっくりお話をうかがうことにします。

銀行が国債を大量保有する理由

橋爪 つぎに、民間銀行についてお尋ねします。

民間銀行の業務は、元手となる資金がなければ、できません。銀行は、主に預金というかたちで資金を集め、その資金を現金で保有したり、企業に貸し出したり、債券に投資したりしますね。

銀行は、預金者の急な預金引き出しに応じるために、支払い預金準備として現金やそれに準じる資産を持たないといけません。これを構成する現金／債券の比率について、何か法的な決まりはあるのでしょうか。預金準備金の額は、貸出総額の何％まで用意しなければならないと決まっていますか。

小林　まず、預金準備率は日銀が決めています。
　預金準備として各銀行が保有している預金の一定割合を日銀に当座預金として積み立てることが法律で決まっており、その割合を預金準備率というのです。

橋爪　私が知りたいのは、銀行が保有する債券が値下がりしたらどうなるか、なんです。

小林　銀行が国債を保有しているのは、預金準備のひとつとしてではありません。銀行がなぜ大量の国債を持っているかと言えば、貸し出しの一種としてです。

橋爪　あ、貸し出し。

小林　はい。いま銀行には、一般家庭や企業が大量の預金をしてくれています。ところが、そのお金の貸付先がなくて困っている。そんな状況がここ二〇年近く続いています。優良な貸出先はごく僅かで、しかも、それほど多くのお金は借りてくれない。結局、大量の預金を政府に貸すしかなくなっています。それで仕方なく国債を買うわけです。「国債を保有すべし」という法律などありませんし、「国債を持つように」という行政指導があるわけでもない。本来なら銀行は、企業貸出だけでやっていたいのですが、それができないので国債を買っているのです。

橋爪　商業銀行は、貸し出しのひとつとして、債券や株券を買うものなのですか。

小林　そうですね、銀行が企業の株式を購入することはできますし、企業が発行する社債も保有しています。もちろん、国債や地方債も持っています。国や時代によって異なりますが、金塊のような貴金属を資産として保有することも可能です。

橋爪　債券にしろ株式にしろ、どう売買するかしないかは、銀行に任されている？

小林　ええ、日本の場合、まったく自由です（※8）。

橋爪　とすると、銀行が自由にできないのは、預金準備率だけでしょうか。

小林　そうですが、いまの銀行は日銀の当座預金を大量に持っていますので、預金準備率がどうであれ、大きな制約にはなりません。何ら影響を与えないと言ってもいいでしょう。

橋爪　預金準備金ですが、たとえば企業Aが銀行Bに、一〇〇億円の当座預金を預け入れたとして、それは預金準備金になりますか。

小林　預けた現金がそのまま銀行の手元にあれば準備金として機能しますが、ふつうは貸出や国債購入などの用途に使うはずです。この場合、企業Aが銀行Bに一〇〇億円の預金をしているとすれば、銀行Bは、企業Aの引き出しに応じられるだけの現金（銀行にとって現金と日銀当座預金はほぼ同じもの）を用意していればいいわけです。

橋爪　その率が決まっているということですね。

小林 はい。一般家庭や企業が日銀当座預金を引き出すかもしれないので、それに応じられるだけの現金を準備しておかなくてはならず、その率が預金準備率です。

橋爪 何%くらいですか。

小林 預金総額の〇・〇五～一・三%です。

橋爪 案外、少しでよいのですね。

では、貸し出しの上限額は、どのように決められていますか。

小林 貸し出しについての上限は、自己資本比率に基づいて決まります。自己資本比率というのは、銀行の経営を健全に保つためのもので、企業や一般家庭が銀行に預けたお金が銀行の負債の大半ですが、その負債総額を一〇〇とすると、負債のひとつ（貸借対照表の借方に載っている項目のひとつという意味です）である自己資本が一定割合以上でなければならないという規制です。

橋爪 自己資本の中身はどうなっていますか。

小林 銀行が発行する普通株、優先株、劣後債から構成されます。

8 ただし、独占禁止法と銀行法の規制によって、銀行が国内企業の株を保有する場合は、その企業の株式総数の五%までしか保有できないルールになっている。

普通株というのは株式のことです。これを持っていれば、株主総会で議決権を行使できます。配当をもらうこともでき、もちろん、株券の売買もできます。これに対して優先株は、普通株の株主よりも優先的に配当がもらえるのですが、議決権はありません。劣後債は、配当ではなく利子の支払いになりますが、優先株よりも優先的に受け取ることができます。ただし、議決権はありません。いずれも、株式の一種とお考えください。

橋爪 銀行はそのような自己資本を、負債総額の一定の比率以上、持っていなければならないわけですね。

小林 はい。国内だけで活動する銀行は四％以上の自己資本比率をキープしなければならず、海外でも活動する銀行は、この比率を八％以上にしておかなくてはなりません。

橋爪 なるほど。四％か八％。まあ、それなりの数字です。

もしもその数値を維持できなくなったら、どうなりますか。

小林 海外でも活動する銀行の自己資本比率が七％になると、金融庁から業務改善命令が出されます。そうなると、海外事業から撤退しなければならなくなり、頭取が辞任せざるをえなくなる可能性が高くなります。

橋爪 それは大変だ。それを避けるには、どうすればいいですか。

小林 自己資本比率は、負債総額に占める自己資本の比率です。ここで、銀行の負債総額は資産総額と同額ですから、自己資本比率は資産総額に占める自己資本の比率ともいえます。自己資本比率を増やすためには、分子である自己資本を増やすか、分母である総資産を減らせばいいわけです。

前者の場合、増資をすることになり、後者であれば、企業等へ貸し出した分を回収することになります。いわゆる貸し剝がしです。これによって、自己資本率は回復します。何らかの事情で自己資本が急減した場合、銀行はまず貸し剝がしを行なってバランスシートを縮小させ、それによって自己資本比率を回復させようとします。

橋爪　貸し剝がしを行なうのと、保有している債券を売却するのとでは、自己資本比率を回復させるのに、何か違いはありますか。

小林　同じことですね。買い手がつくのであれば、保有している債券の売却でも、自己資本比率の改善に役立ちます。

橋爪　わかりました。

つぎに、国債の保有者ですが、その内訳はどうなっていますか。

小林　このところ日銀の保有量が増えていますが、銀行と郵便貯金を合わせて四〇％くらいです。生命保険会社と損害保険会社が二〇％。公的年金や企業年金などの年金基金が一〇％強です。

橋爪　銀行部門はかなりの割合じゃないですか。

小林　はい。一〇〇〇兆円のうち約三八〇兆円を銀行部門が持っている計算です。

橋爪　簡単に言うと、**一般家庭や企業が銀行に預けた預金が、国債に化けてしまった**、ということですね。

小林　そういうことです。それには日本の特殊事情が関係しています。

橋爪　どういう特殊事情ですか。

小林　長引くデフレ不況です。景気が悪化していなければ、一般家庭や企業による銀行への預金は、企業へ貸し出され、それによって設備投資が行なわれる。しかし、デフレ下

図2　国債の所有者別内訳（2014年3月末）

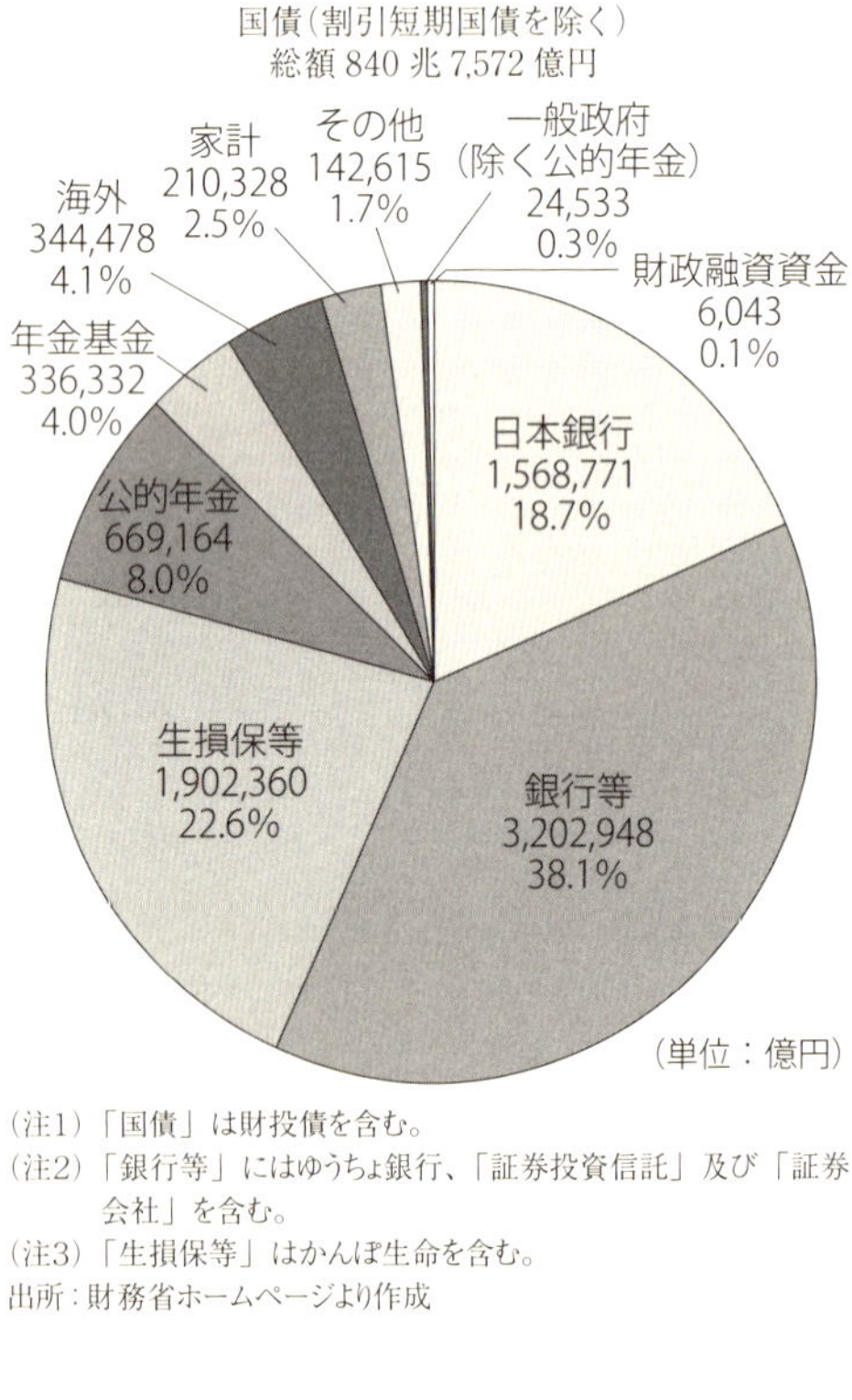

（注1）「国債」は財投債を含む。
（注2）「銀行等」にはゆうちょ銀行、「証券投資信託」及び「証券会社」を含む。
（注3）「生損保等」はかんぽ生命を含む。
出所：財務省ホームページより作成

にある日本では経済成長率が低下し、企業のアニマルスピリットも萎縮してしまったため、企業による借入が激減。このため銀行は貸出先を失い、企業に融資する代わりに国債を購入することになった。つまり、政府に対してずっとお金を貸してきたわけです。これがここ二〇年の経緯です。

橋爪 国債はいま金利がとっても低い。銀行はなぜ、利回りの高い外債を買わないのですか。

小林 じつは日本の銀行や生損保は、八〇年代のバブルの時代に外債を買って失敗しているんです。

当時、日本の生命保険会社や銀行は積極的に海外進出をし、外債だけでなく、ニューヨークのロックフェラー・センターなどの不動産を買収していった。しかし、そうした投資は軒並み失敗してしまいました。というのもアメリカでは八〇年代以降、円高の進行と軌を一にするようにしてインフレが進み、通貨価値が下がってしまった。こうして円高ドル安になると、海外の不動産やドル建ての外債の価格が、円建てに直すと下がっていきます。そのため莫大な損害を被ることになってしまった。しかも、円高がさらに進む傾向にあったため、日本の金融機関にとって、外債を保有することはきわめてリスキーなことに思えたわけです。

たしかに外債のほうが日本国債よりも利回りは高いのですが、常に為替相場は動いていますから、場合によっては損失が生じる可能性がある。それならば、利回りは小さくてもリスクの少ない日本国債を保有したほうが安全で確実であるという判断になった。

橋爪　しかし、その判断が合理的なのは、円高が進む局面でのことです。円安が進もうという場合には、外債を買うほうが合理的ではないでしょうか。

小林　はい。これから先、長期にわたって円安になるという見通しが立てば、日本の国債を買うと、金利が低いことに加えて、為替でも損をします。円安とは、円建ての資産の価値が、ドル建て資産に対して下がることだからです。すると、日本国債を保有するよりも、利子が高くて為替で得をするドル債を持っていたほうがいいという判断になるはずです。

橋爪　いま一兆円あるとします。そのお金で国債を買って、一年後には一〇〇億円の利子がつけばいいほうですよね。その一兆円で、二％の金利がつく外債を買ったとします。しかも円安のおかげで、三％分の為替益が転がり込んでくるとすれば、儲けの総額はざっとみて五〇〇億円。一〇〇億円と五〇〇億円だったら、五〇〇億円のほうが断然いい、と思いますよね。そう思っても、日本の金融機関は、その昔に外債を買って大損した経験があるので、国債を売って外債を買おうとはしないのでしょうか。

小林　いや、合理的に考えれば、円安になるなら外債を買おうとするはずです。ただ、別のファクターに強く拘束されて、そうはならない可能性のほうが高い。というのも、国債の価格は、三菱東京ＵＦＪ銀行や野村證券といった少数の大手金融機関と財務省によって決まっているのが現実です。そうした少数の金融機関が国債をすべて売却しようとすれば、国債の価格は暴落してしまう。いっぽう、彼らは大量の国債を保有していて、一度ですべては売れないため、国債の価格が下がると、売れ残った国債の値下がり分で自分自身が損をする。つまり、**日本の大手金融機関は国債を売ると自分が損をするとわかっている。売れば自分で自分の首をしめることになるので、国債よりも外債のほうが利益になるとわかっていても、売るに売れない**わけです。

橋爪　はあ。実際に売れないから、暴落しない。

小林　はい。暴落せずに、デッドロック状態に陥っている可能性があります。

もっと多くのプレイヤーが国債マーケットに参加していれば、外債への買い替えもスムーズに進むはずです。しかし、実際には一部のプレイヤーしか参加していませんから、そうはならない。したがって、国債価格が暴落するような売り注文も出ない。誰も売ろうとしないので、価格も維持される。

橋爪　危なっかしい話だなあ。

真っ先に国債を売るのは誰か？

橋爪　では次に、一般企業の話に移りたいと思います。少額ながらも、企業も、国債を保有しているはずです。そこでお尋ねしたいのですが、一般企業の金融資産の中身は、どのようになっているのでしょうか。

小林　企業が保有する金融資産として代表的なものを挙げると、まず、他の企業の株式、第二に、他の企業が発行している社債、そして銀行預金です。一般企業の国債保有は数％以下ではないでしょうか。

橋爪　かりに企業の持ち分が、国債の一％としても、一〇兆円にはなる。しかも、一般企業の場合、国債を大量に保有している日本の大手金融機関と違って、縛りがありません。ですから、財務状況が悪化すれば、国債をさっさと売りに出す可能性は、銀行よりも高いのではないでしょうか。

小林　それはあります。実際、結構自由に売り買いをしているはずです。ただ、全体に占める割合はきわめて小さいので、国債価格を暴落させるほどのインパクトはありません。

橋爪　国債が値崩れするという見込みがある場合、企業は売りに出しますよね。

小林　はい。

橋爪　売ることに関して何か規制はありますか。

小林　値崩れさせないよう、仮に政府が圧力をかけたとしても、一般企業がそれに応じるかどうか……。

橋爪　国債を買い支えるのは、政府の合法的な行動ですね。

小林　はい。政府ではなく日銀が買い支えることもあります。しかし、政府が一般企業に対して、国債を売却しないよう規制する権限はありません。したがって、値崩れしそうだとわかれば、一般企業はすぐさま売りに出すはずです。

当然、大手銀行も売却するでしょうね。生命保険会社について言えば、保険金の支払いは先のことになりますから、「国債が満期を迎えるまで売却しないように」という政府の指導がうまくいく可能性はある。ただ、生命保険会社も最近は時価会計なので、国債の価格が下がると、自社の資産（アセット）価格も下落してしまう。ですから、売却できるなら、早く売ってしまいたいと考えるはずです。

しかし、預金封鎖せざるをえないような、ひどい状況になった場合、時価会計でなく簿価会計に変更させるという手もあります。そうすれば、国債を取得した時の価格で評価しますので、国債価格が下がっても、資産が変わることはない。

橋爪　それは、法律を変えればできるのですか。

小林　はい。おそらく国会で法律を変えなくても、金融庁の判断で会計規則を変更できるはずです。

橋爪　でも実際には値下がりしているのに、子どもだましのようなトリックですね。海外でも同じような事例はあるのでしょうか。

小林　たとえば、二〇〇八年のリーマン・ショックのとき、当時の会計ルールのままでは米国の大手金融機関が続々と破綻することがわかっていたので、米国政府は会計ルールを甘くして、彼らを延命させています。

病状診断のポイント

1　日本の公的債務は日本のGDPの二二〇%に相当する。総債務から資産を引いた純債務で見ると、GDPの一五〇%である。

2　国債で借りたお金はばら撒かれるだけで政府の資産になっていない場合が多い。

3　いま日本の国民は、国債を含めて、一人当たり一二〇〇万円の金融資産を持っている。しかし、そのうち八〇〇万円分は政府（=国民）の借金である。

4　年金や高齢者医療の支払いだけで、この先、五〇～六〇年で、現在価値にして七〇〇兆円が必要であり、これに対応するには、税率アップ、社会保障の給付額のカットの、いずれかを行なわなければならない。

5　年金破綻を防ぐべく公的資金を注入すれば、国債を増発せざるをえなくなり、それによって財政はさらに悪化し、政府と年金が同時に破綻する危険性が高まる。

3 「財政敗戦」へのカウントダウン

国家予算のからくり

橋爪 ではつぎに、日本の財政についてお尋ねします。
国の財政には、歳入と歳出がありますね。また会計には、一般会計と特別会計の二つがあります。これらを合わせれば、財政のお金の出入りの全体になるわけですね。

小林 はい。

橋爪 特別会計には、どのようなものがあるのでしょうか。

小林 年金やエネルギー対策など、ざっと一九もの特別会計があります。

橋爪 なぜそんなにいくつもあるのですか。

小林 特別会計は、「受益と負担の関係を明確にすべし」という考えから作られているからです。具体的な例を挙げて説明します。
たとえば、エネルギー対策の特別会計には、ガソリン税があります。これをなぜ一般会計に入れないのかというと、「ガソリンを消費する自動車のユーザーのための道路整備なのだから、ガソリン税は一般会計とは別扱いにし、その税収は道路整備のためだけに使おう」という考え方に立っているからです。年金であれば、徴収した保険料はいずれ受給資格者に支払われるわけだから、一般会計に入れるのはおかしい、年金だけの特別会計を設けるべきだという考えがあって、そうなった。

このようにして一九もの特別会計が設けられることになったわけです。

橋爪 特別会計を合計すると、一般会計と同じくらいの規模になるのでしょうか。

小林 **社会保障給付費と国債償還費等を含めると、特別会計の合計額は約一九五兆円です。一般会計は九七兆円ですから、一般会計よりも財政規模がはるかに大きい。**

橋爪 それって、異常じゃないですか。政府の一般会計が、財政の本体のはずです。それのおまけとして、一般会計の五%か一〇%ほど、特別会計がくっついているというのなら、まあ理解できます。本体よりも、二倍以上あるなんて、理解不能です。

小林 政府が勝手に使えるお金が一般会計の二倍もあるというより、年金給付や国債償還のために機械的に必要となる支出が計上されて膨れ上がっているのですが……。

橋爪 一般会計と特別会計で、ルールの違いは何かありますか。たとえば、一般会計の場合、予算案は国会で議決しますが、特別会計もそれと同じでしょうか。

小林　はい。いずれも、衆議院と参議院で予算審議を経なければなりません。衆議院に先議権があるという点も、まったく同じです。しかし、違いもあります。一般会計の場合、国会審議の場において、その中身や使い道について国会議員が相当チェックをするのですが、特別会計の場合、時間がないといった理由で、そうしたチェックがほとんどなされません。

橋爪　えーっ、チェックがない。それは、憲法違反ではないでしょうか。

小林　いいえ、形式上は国会での審議を経た上で成立していますから、憲法違反ではありません。

橋爪　でも国会で、「実質的な審議をせよ」というのが、憲法の精神でしょう。

小林　確かに、憲法の精神には反していますね。しかもそれが常態化しています。

橋爪　いつごろからそんなふうになったんですか。

小林　戦前は軍の予算が特別会計で好き放題をしていましたからね。特別会計は担当省庁の聖域だという意識は昔からあったのかもしれません。

橋爪　一般会計を上回る規模になったのは、いつごろでしょうか。

小林　財務省の資料を見ると昭和四〇年代には上回っていたようです。その主因は社会保障費、とりわけ年金特別会計が巨大化したことです。最近は、財政の悪化が進んだために、国債償還費等の金額が膨張しています。約二〇〇兆円の特別会計のかなりの部分を国債償還費等と社会保障給付費が占めています。それに対して、他の多くの特別会計はいずれも数兆円以下の規模です。ですから、国債関連と社会保障給付費を除けば、特別会計よりも一般会計のほうが規模が大きくなる。

橋爪　国の財政を説明した図などをみると、一般会計を表す円グラフしか出てこない。特別会計もそこに入れるべきではないでしょうか。

小林　それにはマスコミの問題もあるかもしれません。一般会計は、毎年、財務省と各省庁の間で予算折衝や政治的駆け引きがありますが、**特別会計は既得権益化しているため、財務省と各省庁の間に戦いはなく、静かに決まります**。マスコミは、財務省vs.各省庁の攻防戦というドラマ性のある話に気を取られて、一般会計ばかり報道するのではないでしょうか。

橋爪　GDPが年間五〇〇兆円ほどのこの国で、一般会計だけで九七兆円というのは、そこそこの規模です。特別会計を含めれば、さらに莫大な額になる。しかもノーチェック。こんないびつな財政で、いったい民主主義と言えるのだろうか。

小林　先ほど私は、特別会計と一般会計では、国会での審議の仕方に違いがあると言いましたが、もう一つ、大きな違いがあります。一般会計では、財務省が主導し、各省庁と交渉をしながら決めていくのに対し、特別会計は各省庁が決めることになっており、財務省からチェックを受けることがほとんどない。

橋爪 各省庁は財務省に対して特別会計の、概算要求（翌年度の予算要求の内訳はこうですと書類を出すこと）もしないのですか。

小林 いえ、それはしますが、既得権益化しているため、その内容に財務省が口出しすることはまずありません。こうして、政府内でも国会でも実質的なチェックをほとんど受けないまま、通ってしまう。その結果、あれだけの額の支出が長年、行なわれてきた。たしかに憲法の精神に……

橋爪 限りなく反している。

特別会計がこれだけ重宝されるのは、「省庁にとって都合がいい」という理由以外の何ものでもないのでは。

小林 先ほども述べましたが、特別会計は「受益と負担の関係を明確にすべし」という理念に基づいて創設されたもので、たとえばガソリン税の歳入を、いかなる政策に充当するかは、あらかじめ決まっている。このため財務省は、そうした歳入を用いて各省庁は必ず、必要な政策を行なうだろうと思い込んでしまい、その中身をあまりチェックしようとしないわけです。

橋爪　ひどいことになってるなあ……。

特別会計では、歳入と歳出が均衡するようになっていますか、それとも、赤字が出るんですか。たとえば、道路整備のための費用は必ず、ガソリン税などの特別会計の枠内でまかなうように、となっているのでしょうか。

小林　そこがまさに魑魅魍魎《ちみもうりょう》が跋扈《ばっこ》する政治取引の場となっていまして、一般会計から特別会計に貸し出しを行ない、そうして借りたお金で道路を造る場合もありますし、逆に、お金の余った特別会計から一般会計へ貸し付ける、というケースもあります。

橋爪　それじゃあ、特別会計の意味がないじゃないですか。粉飾会計ではないですか。

小林　はい。非常にわかりにくい世界です。一般会計の見栄えをよくするための会計操作が長年の「知恵」として行なわれてきたのです。

橋爪　**各省庁の省益、関連業界の利権、政府の都合。この三つの要因が重なって、いつの間にか、そういう伏魔殿のような、ガン細胞のタンコブのような、非憲法的な制度になってしまったんでしょう。**緊縮財政なんて、まったくの寝言ですね。チェックがまるで働いていないわけですから。

小林　チェックが極めて甘くなっているのは確かです。民主党政権は事業仕分けでそこを改めようとしたのです。しかし、時間も人手も足りず、無駄な部分をあまり削減できなかった。たしかに無駄な部分がかなりある。ただ、一〇〇〇兆円の借金と比べれば、何百兆円もの無駄があるわけではありません。もちろん、精査して、ギリギリまで無駄をなくせば、数千億円規模の節約にはなるでしょう。しかし、国債の債務残高に比べれば、非常にインパクトの少ない数字だと思います。

国も地方も税収不足

橋爪　じゃあ、気を取り直して、歳入と歳出の関係についてお聞きします。

一般会計もひどいことになっていて、九七兆円の予算に対して、歳入はなんと、その半分弱しかありません。税収の足りない分は、国債によってまかなわれている。しかも、多くの人は一般会計しか見ておらず、特別会計は視野に入っていません。

特別会計にも赤字というものがあるのですか。

小林　ありません。不足分が生じれば、一般会計から借り受けるというのが一般的なやり方です。特別会計が国債を発行するのは禁じられています。

橋爪　禁じられている。一般会計がその、尻ぬぐいをしているわけですね。

ところで、国家財政のほかに地方財政があります。その両方を、まとめて表現する概念はないんでしょうか。

小林 国と地方自治体を合わせた概念として、一般政府という言葉があります。

橋爪 ただ国民の間では、「一般政府」という言い方は使われていませんよね。

小林 経済分析を行なう人ならともかく、世間ではあまり使われませんね。

橋爪 でも、この概念は、大切ではないでしょうか。

小林 はい。とりわけ財政論議を行なう場合には、この概念を用いた方が公的セクター全体を捉えることができるので都合がいい。政府の統計には一般政府という項目が必ず出てきます。日本のメディアも、この言葉をもっと使うべきです。

橋爪 いまの日本の財政を病気にたとえると、いつ急性症状が起きてもおかしくないような慢性疾患にかかっている状態だと思うのですが、いかがでしょう。

小林 はい、私も同じ認識です。円安に象徴される経済環境の変化によって、いつなんどき急性症状が出てきてもおかしくありません。

橋爪 慢性疾患たるゆえんを確認すると、国も地方も、財政構造がとてもいびつで、歳入が少なすぎる。にもかかわらず、歳出が多い。その赤字を、国債で穴埋めしている。基本認識は、これでいいですか。

小林 はい。**慢性疾患の主因の一つは、バブル崩壊以後、二〇年以上にわたる不況が続い**

たため、景気回復を実現すべく、所得税をはじめとする減税を行なってきたことにあります。もし税率を下げたりせず、バブル期前と同じ水準を維持したなら、税収は六〇兆円にはなっていたはず。ところが現実には四十数兆円しかありません。それくらい大幅減税をしてきたわけです。

　慢性疾患を招いたもう一つの要因は、高齢化の進展に伴う社会保障費の増大などによって、歳出がどんどん増えていったことにある。政府は「不況が終わったら増税をしよう」と考えていたのですが、不況はいっこうに収まらず、しか

図3　一般会計の税収と歳出

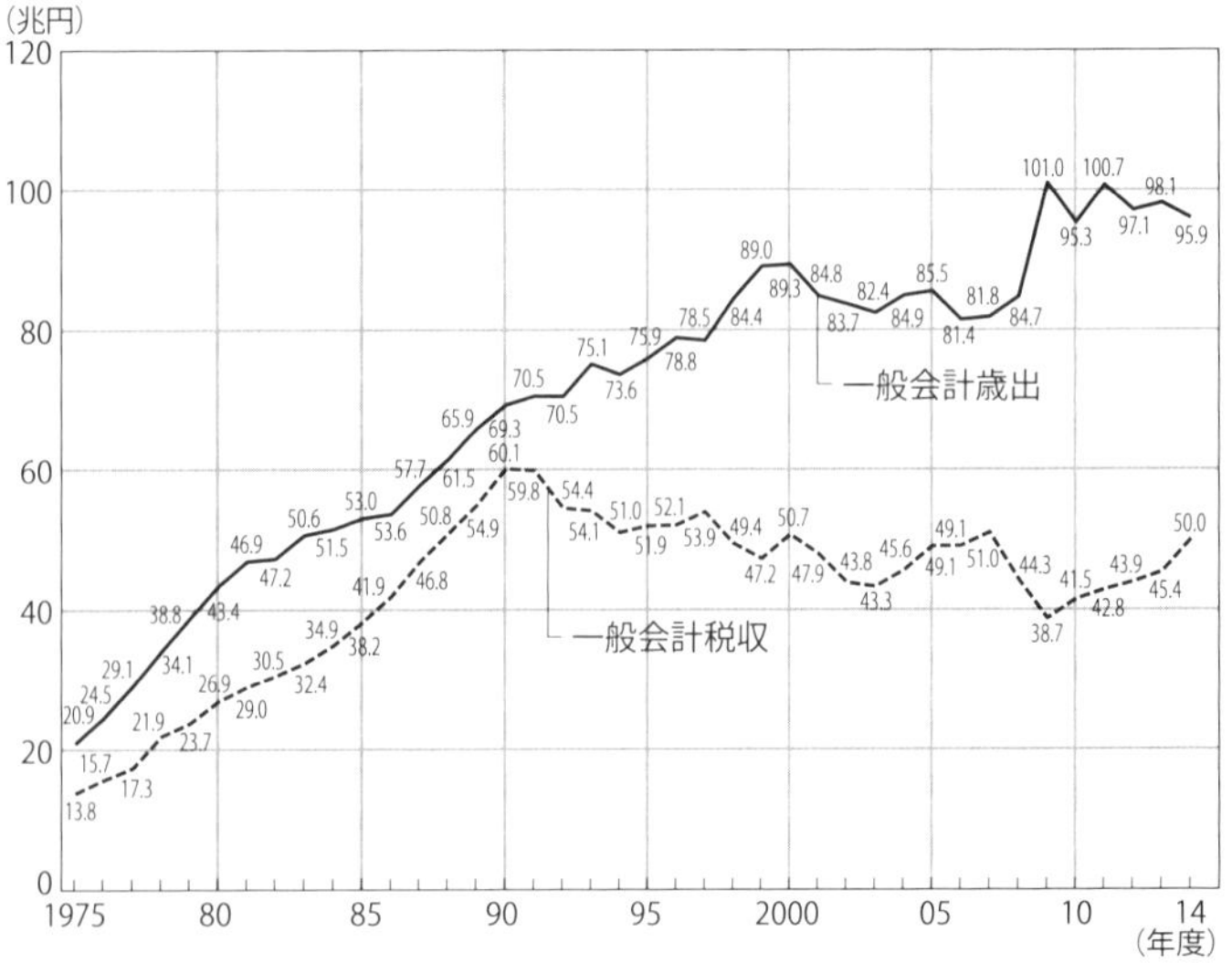

出所：財務省ホームページより作成

も増税に反対する意見が強いので、なかなか決断がつかなかった。こうして、歳出は増えるいっぽうで歳入は横ばい、という財政構造が定着してしまったわけです。

橋爪　もし小林先生が、二〇年ほど前に財政当局の責任者だったら、こういう政策を推進していたと思いますか。

小林　難しいところがありますね。もしかすると、していたかもしれません。

橋爪　でも、大幅減税を行なっても、景気はちっともよくなってないじゃないですか。

小林　九〇年代の不況のインパクトは甚大なものがあったので、減税や公共事業を行なわなかったら、景気はもっと悪化していたかもしれません。ある程度の歳出増はやむをえなかったと思うのです。多くのエコノミストがそのように考えているはずです。

橋爪　そう考えられる根拠は何でしょうか。

小林　バブル期には土地の値段が高騰しました。バブルが弾けて、今は土地の時価総額はピーク時の半分しかありません。土地の価格がこれほど下落すると、大恐慌になってもおかしくないほどなのに、失業率はまだ四％台で済んでいる。一九二九年の、米国の大恐慌では失業率は二五％にもなりました。九〇年代以降の日本では、ひどい時でも六、七％台です。それぐらいで済んでいるのは、実は財政によって景気を下支えしたからだというわけです。

橋爪　それなりに効果があった、ということですね。

小林　少なくとも九〇年代は仕方がなかったと思います。ただ、その後、早い段階で増税をしておくべきだった。小泉政権下の二〇〇二年に景気が回復し始め、〇七年までは比較的良好でしたが、翌〇八年にリーマン・ショックが起き、二〇一一年には東日本大震災に見舞われて、増税を口にできる状況ではなくなってしまった。二〇〇〇年代前半に増税できていたなら、高齢化がここまで進む前に財政をもっと改善できていたはずです。

橋爪　国の歳入ですが、一般会計の予算九七兆円に対して、税収は四五兆円ですよね。その内訳は、所得税、法人税、消費税となっている。

小林　そのうち所得税が一五兆円くらいだと思います。

橋爪　割合としては、大きいですね。

小林　消費税も一五兆円くらいです。

橋爪　法人税は、景気が回復しなければ増収は見込めませんね。所得税も同じですか。

小林　そうです。法人税の税収は、景気がよくなれば結構伸びます。二〇一三年の法人税の税収は、当初見込みよりも一兆円ほど多いはずです。

橋爪　一兆円程度では、焼け石に水ですね。税収を確実に増やすとすれば、所得税より消費税のほうがいいのでしょうか。消費税は公平で、景気に対するダメージも大きくない、と考えていいですか。

小林　消費税のほうが広く薄く徴収できるので、そのぶん経済活動に対するダメージは少なくてすむはずです。公平性について言えば、消費税率が上がった場合、所得が少ない人ほど、食料品などの生活必需品購入費の総収入に占める割合が高くなり、所得が多い人よりも税負担率が高くなるという逆進性があると言われています。

橋爪　アメリカでは、低所得者への補償策として、バウチャー（フードスタンプなど）（※9）が支給されたりしています。

小林　**公平性を重視するなら、消費税の税率は上げて、低所得者への対策はそれとは別にバウチャーなどの現物給付を行なうというのが一番望ましい**と思います。

橋爪　私もそう思います。

小林　他方で、所得の多い人にはその分多く課税するという、所得税の累進性を高めるべきだという意見もあります。

橋爪　それには疑問があります。というのも、現役世代に負担が集中してしまいますし、脱税が起きやすく、捕捉率（課税すべき所得のうち、実際に課税できる割合）を高められ

9　政府が何ドルと書いたチケットを発行して、そのチケットでスーパーで食品の買い物ができる。換金はできない。

るかどうかもわからない。

小林 そうなんです。いま大切なのは、税負担に関する世代間の平等性をどう実現するかということです。それで言うと、現役世代に負担が集中する所得税は好ましくありません。その点、消費税は高齢者からも徴税することができるので、世代間の税負担の平等性を実現することができます。

橋爪 まさしくその通りです。

ところで地方自治体の歳入も、国家財政の歳入と似たような状況なのでしょうか。

小林 地方自治体でも、企業が支払う法人住民税、事業税といった法人関係税が、歳入のかなりの部分を占めています。

橋爪 国と異なるのは、地方自治体には地方交付税交付金があって、財源のかなりの部分をそれに依存していることじゃないですか。

小林 その通りです。東京都以外のほとんどの自治体が、国から交付金をもらって財政を運営しています。

橋爪 地方自治体の、歳入に占める交付金の割合は、どれくらいになるのでしょうか。

小林 自治体によりますが、地方財政の全体でみると、歳入の四分の一近くにはなっていると思います。

橋爪　地方交付税交付金は、総額で、どのくらいでしょうか。
小林　毎年、約一七兆円にはなっていると思います。
橋爪　国民一人あたりに直すと、一三万円強。すごい額ですね。
小林　はい、各地の行政サービスが同水準になるよう交付されているので、これだけの額になってしまうようです。国の一般会計から支出されています。

歳出面の慢性疾患とは？

橋爪　もう一度、国家財政の話に戻りましょう。
　先ほどは、歳入面での慢性疾患についてお聞きしました。では、歳出面についてお聞きすれば、国の歳出で慢性疾患と言える部分はどこですか。
小林　社会保障関係費と地方交付税交付金ですね。他の費用は、国会で決議されれば削ることができます。しかし、この二つはそうはいかない。社会保障関係費で言えば、年金支給額を減らすわけにはいきませんし、地方交付税交付金も、行政サービスの地域間格差の解消を目的とするものですので、そう簡単には減らせません。
橋爪　アメリカに、地方交付税交付金と似た制度はありますか。

小林　ちょっと聞いたことがありません。

橋爪　アメリカの公立小中学校の、財務報告を見たことがあります。財源の五〇％はタウン（市町村にあたる）が、四五％はステイト（州）が、残り五％は連邦が負担する、という割合でした。

学校の設備や教員の給与は、タウンの負担の割合が大きいので、タウンの財政状況に大きく左右されます。その結果、郊外のリッチなタウンには充実した教育を行なう公立学校ができるいっぽう、貧困層が多く住む都市部では、高給の教員を雇うことができず、予算も不足して、劣悪な教育しかできない公立学校が出来てしまう。

しかも、この格差が地価に反映するので、郊外の住民は、税金を払っても元がとれる。もっと立派な学校になって、もっと地価が上がる。資産価値が増すことになり、家賃も高くなって、貧困層の流入も防げるし、自分たちのコミュニティも維持できる。つまり、タウンに払う税金が、一種の投資となっているわけです。

日本の、地方交付税交付金と、考え方がまったく違う。

小林　日本の場合、「国土の均衡ある発展」を目標としてきたため、政府の政策も、地域間格差をなるべく小さくする前提で立案されています。ですから、この目標を転換しなければ、地方交付税交付金を縮小するための議論にはなかなか踏み込めない。しかも、地域の行政サービスに必要な財源をその自治体で全てまかなうことになれば、地域間格差が生じるのは避けられません。

橋爪　地方交付税交付金がなくなると、破綻する自治体も続出するでしょうね。

小林　その可能性が高い。しかし日本では、自治体の破綻は原則としてないこととされています。自治体の破綻、すなわち、「自治体が地方債や借入金を返せなくなるという状態」は日本の法制度上は、想定されていないのです。もちろん、赤字団体になってしまえば政府の指導を受けることになりますが、それは再建のためであって、債務不履行になることはありません。地方債の償還や自治体の借入金の返済は、政府が保証すると誰もが思っています。しかし、最後は政府が尻拭いをしてくれる、と思っているから、自治体の財政運営は無駄が多く、合理化が進まない。

私自身は、地方自治体の破綻制度を作るべきだと考えています。いざとなったら自治体は借金を返さずに破綻し、国は肩代わりをしてくれない、という制度にするのです。こういう制度にすれば、平時から地方債の金利が上がって、自治体の財政規律はもっと高まり、国全体の財政悪化にも少しはブレーキがかかります。

橋爪　私もそう思います。

地方交付税交付金といった、地方自治体に対する国の財政援助がなくならないようにがんばっても、その結果、国の財政が破綻して、地方自治体への財政援助ができなくなってしまえば、同じことではありませんか。

小林　国の財政が破綻しそうになっても、おそらく地方交付税交付金を出し続けることになるでしょう。地方自治体の行政は福祉など国民生活に直結しているので、お金がないから止めるというわけにはいかないからです。そうなると、歳出は減らないので国債発行は増え、その国債は日銀がほとんど全部買い続けるという状態になるでしょう。結果的にひどいインフレが起きて、地方交付税交付金の価値は、大きく目減りしてしまいます。

橋爪　財政が破綻して、地方交付税がたとえばいまの一〇分の一になってしまったら、ほとんど意味がない。ハイパーインフレが起きれば、すぐそこまで行ってしまうのです。

ところで、年金など社会保障関係費は国の特別会計、地方交付税交付金は国の一般会計で、どちらも地方自治体にはないものです。地方自治体には、これと同じような感じで、国にはないが地方にだけある独自の、財政支出の項目がありますか。

小林　地方自治体の財政を圧迫する要因としてよく指摘されるのが、生活保護です。各自治体はその支給額の四分の一を負担し、残り四分の三は国が負担することになっているのですが、実際には地方交付税が足りず、不足分を自治体が捻出するということが起きている。

橋爪　その結果、生活保護の申請それ自体をなるべくさせない「窓口規制」が行なわれたりしている。

小林　そうです。財政状況が苦しい自治体ほど、生活保護申請があっても、それを認めないということが生じてしまう。

このほか、地方自治体の財政を圧迫している要因として、市民ホールや公民館、県道や市道といった国道以外の道路など、インフラを維持管理するための費用があります。財政が厳しい自治体の場合、そのための費用を確保すると、他の行政サービスに必要なお金が足りなくなる。しかしそうなると、地域住民の生活の質が低下し、下手をすると生命の危険をすら招きかねません。

橋爪　地方自治体の財政も相当、硬直化しているのですね。

国家財政に話を戻しましょう。一般会計の歳出の内訳を見ると、国債費というものがあります。その中身は何でしょうか。

小林　債務の償還と利払いです。平成二二年度で言うと国債費は約二〇兆円で、今は二十数兆円です。

橋爪　内訳はどうなっていますか。

小林　債務償還と利払いそれぞれに一〇兆円ほどです。

橋爪　債務償還の金額は毎年、ほぼ同じですね。しかも償還期間は一〇年とか五年とか、あらかじめ決まっているわけですから、償還計画も立てやすい。

小林　年によっては大量償還しなければならないこともありますが、それでも、国家財政がひっくり返るようなことはありません。

橋爪　波はあるにせよ、おおむね予定通りに行くわけですね。では、利払いのほうはどうでしょうか。

小林　こちらは、ある時期まで減っていたのですが、いまは相当大変です。金利の変動がその理由で、バブルのころは金利が高かったわけですが、それがゼロ金利まで下がっていったので、利払い費も減っていった。ところがこれからは、金利も底を打ったので上がるしかない。このため、国債の利払い費も増えていく。しかも、国債残高が増えていますから、それによっても利払い費が増える。この二つの要因で、利払い費は加速度的に増えていくはずです。

橋爪　利払い費はいま、一〇兆円で済んでいるわけですが、現在、その利率は何％ですか。

小林　一〇年もの国債に限って言うと、以前は三〜四％だったのが、いまは〇・六％にまで下がっています。しかし、これが再び上がるようなことになれば、利払い費もまた増えてしまう。

ただ、現在（二〇一三年秋）の〇・六％という利子率は史上空前の出来事です。なぜ、こんなことが起きるのかというと、日銀が猛烈な勢いで国債を買っているからです。そうなると国債の価格が上昇し、利子率が下がる。今や、一〇年もの国債の利子率は〇・五％に達しようとしています。

橋爪　ある意味それも、末期症状ですね。日銀が国債を買い支えるからそうなるわけで、市中銀行はもはや国債を買う気がない。

小林　そうです。むしろ銀行は、保有している国債を日銀に売りたいぐらいでしょう。

橋爪　ババ抜き状態ですね。日銀は、そのババ（国債）を買い続けている。その結果、一〇年もの国債の利率は〇・五％近くにまで下がっている。そうすると、日銀券はその分、増えているということですか。

小林　はい、日銀券はその分、民間銀行へ回っているはずです。

橋爪　市中銀行が国債を購入すれば、日銀券は増えないけれど、日銀が国債を買えば日銀券が増える。日銀は紙幣を刷って、それを国債購入費にあてているわけです。その結果、金利が下がり、市場に出回るお金が増える。これが、アベノミクスでしょうか。

小林　今のところはそうですね。

良いインフレと悪いインフレ

橋爪　日銀券が増えれば、景気が少しはよくなりますか。

小林　**いま景気を押し上げているのは、マイルドなインフレ期待と円安です。これが種々の作用を及ぼして、景気を上向かせたとは言える**でしょうね。

日銀や内閣府は企業や個人に対して景気の見通しを尋ねる調査を行なっていますが、それを見ると、確かに景況感は改善しています。とりわけ経営者心理がよくなっている。

橋爪　一〇年もの国債の金利は、一％から〇・五％に向かって、下がっているわけですよね。他方で、日銀による「異次元緩和」によって、インフレ期待が醸成され、現にゆやかにインフレが進行しつつある。インフレが進行した分（物価上昇分）は、金利に上乗せされるはずですが、そうはなっていない。なぜ、こんなことが生じるのでしょうか。

小林　〇・五％へ向かっているのは名目金利で、これは実質金利にインフレ率を上乗せしたものです。名目金利は、日銀の金融政策のおかげでゼロぎりぎりのところまで下がっている。実質金利のほうは、下手をするとマイナスになっているかもしれません。

橋爪　金利が、ゼロ以下になる、のですか。

小林　実質金利の場合、ありえます。実際、アメリカのＦＲＢが行なっている金融政策は、実質金利をマイナスにするというものです。実質金利がマイナスになれば、借金をすると利子を払うのではなく利子をもらえるのに等しい状態になります（※10）。すると多くの人が借金をして買い物をしようとする。それによって景気が回復する。FRBの金融政策はそうした効果を狙ってのもので、日銀のそれも、基本的には同じです。

しかし**インフレには、良いインフレと悪いインフレがある。いま日本で起きつつあるのは、後者の悪いほうのインフレ**です。具体的に言うと、円安が進み、海外から輸入するしかない石油や原材料の価格が高騰し、それに伴って原材料コストも高くなるため、商品価格も値上げせざるをえなくなる。それによって景気が悪化するという仕組みです。この手のインフレには、景気を良くする効果は期待できません。良いインフレとは、消費需要や投資需要が増えて、品不足になって物価が上がることです。こちらは景気が良くなって物価が上がる、ということなので良いインフレと言います。アベノミクスの狙いは良いインフレですが、現状はまだ悪いインフレから良いインフレになり切れていない。

10　現実に銀行が、貸出先の企業に利子を払うわけではない。借金をしても、インフレとともに負担感が減っていくので、借金した人が利子をもらっているのと変わらない、という意味である。

橋爪　インフレになれば、金利も上がりますよね。

小林　はい。いまは日銀が名目金利をゼロ近くに押さえ込んでいるので、実質金利がマイナスになる、ということが起きますが、これはあくまで短期的な話。長期的には、実質金利のほうが経済の基礎体力によって決まります。長期的には実質金利はプラスになるので、名目金利はインフレとともに上がっていきます。

橋爪　そもそも金利が上がるというのは、どういうことなのでしょうか。短期・長期の貸出金利が上昇し、それにつれて国債の利回りも上昇していく。するとあべこべに、国債の価格が下がっていく、という理解でよろしいですか。

小林　はい。**国債価格が下がることと、金利が上昇することは、同じこと**です。ですから、普通に考えれば、インフレになれば金利が上がり、それに連動して国債の利回りも上がっていくはずですが、いま、日銀が「異次元緩和」を行なって、国債を無制限に買い入れていますので、きちんとした予想ができません。

橋爪　日銀はなぜ無制限に、国債を買い入れているのですか。

小林　安定したインフレを実現するためです。日銀が国債を買うということは、マネー（日銀券）を代わりに市場に渡すことになります。**国債の大量購入は、マネーの大量供給と同じなので、この政策を続ければ市場に出回るマネーの量が増え、インフレが起き**

るはずなのです。インフレになったときに、名目金利をゼロ近くに抑え続ければ（これは短期的には可能です）、実質金利がマイナスになるので、消費や投資が増えて、景気が良くなるわけです。日銀の目標は、インフレによって、最終的に景気を良くすることなのです。

橋爪　日銀は、そのような政策誘導を、政府に言われてやっているのですか。

小林　政府との合意に基づいています。もちろん、日銀の金融政策については独立性が認められていますが、日銀の黒田総裁と安倍首相は、「景気を良くして、二年後には二％のインフレを実現させる」という目標を共有しています。いわば、一心同体なのです。実際いま、インフレになりつつあり、それに対して日銀は、国債の利回りが高騰しないよう、国債を無制限に買い続けているというのが現状です。

橋爪　金利が上がるとは、新規発行する国債の価格が下落してしまう、ということですね。

小林　はい。しかもそうなると、一般会計の歳入のうち四割強を占める公債金（国債を発行して得た収入のこと）に不足分が生じるので、それを埋めるべく、新たに国債を発行しなければならなくなる。そうなると国の財政はいっそう圧迫されることになる。政府も日銀も、そんなことにならないよう、有効な手を打たなければなりません。

橋爪　その場合、発行済みの国債について、政府に新たな負担が生じることはないのですか。

小林　はい。政府が困ることはありません。ただし、金利の上昇によって国債価格が下落すれば、国債をすでに保有している金融機関が困ることになる。

橋爪　ふうむ。

金利が一％上がれば、国債の価格は一％下がると考えていいですか。もしもそうなら、現在、国債の発行残高は一〇〇〇兆円ですから、金利が一％上がれば、一〇〇〇兆円の一％分である一〇兆円がどこかに消えてしまうことになる？

小林　いや、もっと下げ幅は大きいです（※11）。数字の大きさは国債の満期や条件によっていろいろありえるのですが、大事なことは、**金利がちょっと上がれば国債の価値がかなり大きく失われることです。国債を保有している銀行などからすれば、自己資本が目減りし、損失が生じます。そうなると、銀行による貸し剝がしが起きかねません。こうした事態を防ぐために日銀は、国債を買い続ける**ことになる。

橋爪　ほかの債券が値崩れを起こしても、国債だけはそうならないように、買い続けるということですね。

小林　はい。そして、国債を買い支えるということは、結果として、他の債券をも買い支えることになるはずです。

たとえば、日本の市場で一〇年ものの国債と、Aという企業の社債が売られていたとします。この二つの債券において、金利が異なっていたならば、割安なほうが儲かるチャンスがあるので、みんながこれを買おうとする。すると、割安だったほうの債券価格は上昇し、割高だったほうの債券価格は下がります。この時、国債の価格が変動しないよう、日銀が完全にフィックスさせたとします。すると、価格が動くのは企業Aの社債だけです。この時、企業Aの債券のほうが割高だと思えば、企業Aの債券は売られて値下がりし、国債よりも割安だと思えば、国債を売って企業Aの社債を買おうとするので、企業Aの債券価格が上昇する。こうしたメカニズムが、一〇年もののあらゆる債券で生じるので、同じ一〇年ものであれば、すべての債券の金利が均一になっていく(※12)。

橋爪　となると日銀は、国債だけでなく、日本中の債券を買い支えているのと同じことになるわけですね。

小林　その通りです。

11　国債の価格変化と金利変化の関係は、おおよそ、(価格変化)＝－(金利変化分)×(満期までの年数)となる。金利が一%上昇すると、満期までの年数が一〇年残っている国債は、約一〇%も価格が下がる。

12　正確には、社債の金利は、発行体の破綻リスクの分だけ、国債の金利よりも高くなる。

橋爪　となると、国債を買い支える以上の、もっとずっと多額の資金が必要になるのではないですか。

小林　いえ、そんなことはありません。国債を買い支えさえすれば、先ほど述べたようなメカニズムで、金利の統一が図れますから、そこは大丈夫です。

橋爪　そうなのかなあ。

今から二年後に、二％のインフレを達成するには、国債を買い続けなければならない、と。そうだとして、それに必要な金額は、年間どれくらいになるのでしょうか。その際、銀行や生命保険会社といった金融機関は、国債を全く買わないと仮定します。

小林　そうした前提であれば、一八〇兆〜一九〇兆円規模となるはずです。その内訳を言いますと、まず、毎年の借換債（※13）が一一〇兆円。それに加えて新規発行分が四〇兆円ほどで、インフレによってそれが六〇兆円から七〇兆円まで増えたと仮定すれば、先の数字になります。日銀はそれだけの額の国債を買い入れることになるわけです。

橋爪　そうすると、一八〇兆〜一九〇兆円のうち、ある程度は金融機関が買ってくれないと、日銀だけで支えるのは無理じゃないですか。

小林　そうですね。**民間の投資家や銀行、生保が国債を買ってくれなければ、二％以上のインフレにならないようにしながら国債を買い支えるのは不可能**でしょうね。もし、銀行や生保が国債を買ってくれず、日銀だけで買い支えるということになれば、インフレ率が高騰する可能性がある。

橋爪 そうなると、日銀だけが国債を買い支える結果、日銀券が垂れ流されることになりますね。すると、それが為替に反映して、急激な円安になるのでしょうか。

小林 日銀券が加速度的に増え続ける局面では、加速度的に円安が進行するでしょうね。

橋爪 そうなると、加速度的な物価上昇率になる。

小林 しかも、輸入物価も急激に上昇していく。

橋爪 すると、これからも物価がどんどん上がっていくだろうというインフレ心理が働きますから、もともと関係のなかったものの値段も、上がっていく。

なんだか、地獄に向かって一直線の、ジェット・コースターに乗っているような気がしてきました。

13　借換債とは、償還期限を迎えた国債を償還するのに必要な資金を得るために新たに発行する国債のことで、いわば、借金返済のための借金である。近年、税収は毎年、支出を下回っており、償還期限が来た一二〇兆円もの国債を税収で償還することができないため、毎年、借換債を発行している。

column

インフレが加速するメカニズム

日銀が国債を買い支えれば、マネーの供給が増えて、ゆるやかにインフレが始まる。消費や投資を増やすために、日銀が金利をゼロ近くに抑え続けると、借金をする人には有利になるが、インフレなのに金利がゼロだから、お金を貸す人すなわち国債を保有する投資家には不利になる。当然、国債を保有する投資家（金融機関など）は市場で国債を売却しようとする。すると莫大な量の国債が市場に売りに出されることになるので、それを放置すれば国債価格が暴落し、金利が急騰し、不況になってしまう。日銀の金融政策は不況を防止することが目標なので、日銀は市場で売却された大量の国債を買い占めなくてはならなくなる。すると、日銀の国債購入量（すなわちマネーの供給量）は、うなぎ登りに増加し、インフレ率もコントロール不能な状態で上昇を続ける。激しいインフレに連動して、為替も大幅な円安になると考えられる。

（小林慶一郎）

国債増発の臨界点

小林　国債が着実に償還されて減っていく状況なら、国債の売り圧力は強くならないので、市場で大きな混乱は起きないのです。しかし、**いまの日本では国債がどんどん増発されている。これがインフレ高騰のジェット・コースターを引き起こす根本原因**です。

橋爪　いまのシナリオは、国債をじゃんじゃん増発して、それを日銀が無制限に買い入れる、という話でしたね。実際には、国債を増発するには、どうすればいいのでしょうか。

小林　赤字国債を発行するには、赤字国債発行法案（公債の発行の特例等に関する法律案）という一年限りの法案を国会に提出し、その議決を得なければなりません。

橋爪　とすると、国債を増発するチャンスは、年に一度しかないのですか。年度の途中でもし、お金が足りなくなったら、追加発行できますか。

小林　補正予算を通せば可能です。

橋爪　補正予算は、何回やってもいいのですか。

小林　はい。

橋爪　たとえば四月から六月にかけてインフレが悪化したため、補正予算を立てることにし、国債を増発したとします。その後、一〇月にも再度、補正予算を通し、翌年一月にも補正予算を通して、そのつど赤字国債を発行したとします。これは合法ですか。

小林 はい。

橋爪 しかし、毎回、国会で審議するための時間がかかりますね。

小林 他の問題で与野党が揉《も》めていたら、なかなか通せないでしょうね。

橋爪 補正予算が通らなければ、赤字国債の増発はできませんか。

小林 はい、できません。

橋爪 国が借金をするという方法はありますか

小林 日銀から借り入れるという方法があります。

橋爪 金額やなにかに、法律上の制限はありますか。

小林 予算案に、借入額の上限が書かれています。二〇一二年の場合、二〇兆円で、その範囲内なら日銀からお金を借りられるようになっています。

橋爪 九七兆円の予算のほかに、二〇兆円借りられるということですか。

小林 九七兆円の予算を執行する上で、何らかの事情で資金繰りがつかなくなった場合に限って、日銀から二〇兆円まで借りられるということです。ただ、年度内に返さなければなりません。ですから、九七兆円という予算に変わりはありません。

橋爪 なるほど。とすると、お金をつくるには、法律を制定して国債を増発する方法と、日銀からお金を借りる方法と、の二つがあるわけですね。

では、年度途中で、新規の増税を実施することは、ありえますか。

小林　通常の手続きではありえません。政府や与党の税制調査会を通して発案し、国会で議決を得ることができれば可能です。しかし、緊急事態であれば、増税だけでなく、公共事業をストップさせる、年金保険料を引き上げるといったことも、法律を通すことで実現可能です。つまり、財政危機になって、**国債が発行できなくなった場合、打てる手としては、日銀からお金を借りる、増税をする、歳出をカットするといったことになるで**しょうか。

橋爪　外国から借りるというのはどうでしょう。

小林　円が足りない場合は日銀が日銀券を刷ればいいので、外国から借りる必要はありません。しかし、たとえば財政危機が進んで激しい円安になった場合には、日本政府は円の為替レートを安定させる為替介入を行なう必要に迫られます。その場合、日本政府は為替市場でドルを売って円を買うことになります。その時に、日本政府が保有するドルが枯渇すると、ドル売り円買い介入ができなくなります。もしそうなれば、円安を止められなくなってしまいます。そうした事態に備えて、ＩＭＦ（国際通貨基金）加盟国はＩＭＦからお金を借りられる制度があります。

橋爪　いくら借りられますか。

小林　ＩＭＦの総予算が四〇〇〇億ドル（約四〇兆円）です。これが上限ですが、四〇兆円すべて借りられたとしても、日本経済の規模からすると、いざというときに必要な額には足りないでしょう。

橋爪　二〇〇八年に韓国が通貨危機に陥った際、日本は韓国とのあいだで、通貨スワップ協定（※14）を締結しましたね。

小林　日本は韓国以外の諸外国ともそうした協定を結んでいます。そうやってかき集めれば、何兆円分かのドルは集められるかもしれません。しかし、日本がクライシスに陥った時には世界経済もおかしくなっているはずですから、他の国もドルを欲しがる可能性が高い。ですから、通貨スワップ協定があっても、日本にドルを貸す余力のある国は少ないでしょうね。唯一ありえるのは、中国かもしれません。ただ、中国にとって、日本を援助しても大したメリットはありません。

橋爪　そう、助ける力を持っていても、助ける気はないかもしれない。

銀行や証券会社が国債を買い続ける理由

橋爪　さて、本章の最後に、改めて国債のデフォルトについてお聞きしたい。なぜ国債が買われているのかということですが、昔は銀行のシンジケートのようなものがあって、「あんたの銀行は、これぐらい買って欲しい」と、国債を発行する側（政府）が銀行に囁《ささや》いていたのではないでしょうか。

小林　公式には認められないかもしれませんが、今もクローズドな世界が続いているのは確かです。ただ、さすがに今は、発行側が囁くようなことはできないと思います。

橋爪　では、銀行や生保はなぜ、律儀に国債を買うのでしょうか。自主判断とは考えにくいのですが。

小林　「いざとなったら国債を日銀に売れば採算が取れる」と思っているからです。ですから、もし日本がクライシスに陥って、「国債価格が暴落しそうだ」という判断をすれば、誰も買わなくなるはずです。

橋爪　そこが大切です。暴落する可能性があるとなれば、銀行も生保も買わなくなる。し

14　スワップとは交換という意味であり、日韓通貨スワップ協定とは、日本と韓国の中央銀行が、それぞれの国が通貨危機（過度な円安、または、過度なウォン安）に見舞われたときに、外貨不足を緩和するために、お互いの通貨（円とウォン）を交換することを取り決めた協定。円とウォンの交換だけでなく、危機国の通貨との交換により、他方の国がドルを供給することもできる。

かし、そうやって買い手がつかなくなることが、暴落を招くわけですよね。

小林　そうなんです。自己実現的な期待になっていて、「暴落しない」と思っていれば、国債を買うことになり、結果として、暴落が生じない。

橋爪　ということは、「暴落する」から「買わない」という自己実現的期待と、「暴落しない」から「買う」という自己実現的期待の二つがあるわけです。じゃあ、どちらが実現するのか。それを決める要因として、どのようなものがありますか。

小林　銀行にしても生保にしても、すぐに暴落することは絶対にないと思っています。根拠のひとつは、「日銀が買い支えているから」です。もうひとつは、大量の国債を自分が持っているからです。銀行も生保も巨額の国債を抱えていますから、新たに国債を買わないことによって国債価格が下落することになれば、現に保有している何百兆円という国債も値下がりしてしまう。ですから、国債を買わないという選択肢は、自分で自分の首を絞めることになってしまう。しかも、**どの金融機関も同じような事情を抱えていますから、みんな国債を購入するに違いない、だから自分も買うという、こういうロジックです。**

橋爪　それはまるで、ビートたけしが言っていた、「赤信号、みんなで渡れば怖くない」状態ですね。経済の論理というよりも、集団心理です。

でも、そういう国内コンセンサスとは無関係な「外」側、つまり、海外の機関投資家などもいるわけです。やっぱりそういう、なあなあはまずいのではないでしょうか。

小林　そうした「内」側の論理を崩せるほど影響力のある国債保有者は、今のところ海外には見当たりません。たとえ海外のヘッジファンドが日本国債を売りに出しても、それを吸収するだけの力を、日本の金融機関は持っています。もちろん、その力が減退した時に、海外の投資家が日本国債を売りに出せば国債価格は暴落してしまうでしょうが、今のところ日本の金融機関にはそれを買い支えるだけの余力がある。しかも、買い支えなければ自分たちが大損するわけですから、買い支える動機も十二分にあるわけです。

橋爪　五年先、一〇年先にも、その余力は残っているでしょうか。

小林　その頃には、買い支えるだけの余裕はなくなっているはずです。

橋爪　現時点と二〇二〇年では何が違いますか。

小林　金融機関が国債を購入する際の原資は企業や家計の預貯金ですが、二〇二〇年にはその預貯金がかなり減ってしまう。今は一六〇〇兆円規模の預貯金があって、そのうち一〇〇〇兆円は国債購入に充てられています。まだ六〇〇兆円ほど余裕があるわけです。ところが高齢化が進み、預貯金が減ってゆく。他方で、このまま国債が発行され続ければ、債務残高も増えていき、やがて一六〇〇兆円を超す規模になる。元財務官僚の小黒一正・法政大学准教授の試算では、二〇二〇年代には預貯金額は国債発行額よりも少なくなる（※15）ので、その差額分は海外の投資家に買ってもらうほか手がなくなります。

橋爪　とすると、**二〇二〇年代の日本の金融機関は、原資不足のため国債を買うことができず、それができるのは日銀だけ。しかしその日銀が国債を買い続けると、ひどいインフレが起きてしまう。**残るは海外の投資家に国債を買ってもらうしか手がなくなる、ということですね。

小林　そこではじめて、海外の投資家が影響力を発揮できるようになり、保有する日本国債を少し売るだけで国債価格が下がるといった現象が起こるわけです。

橋爪　日本以外の国の国債はどうなっているのでしょうか。たとえばアメリカ国債は、中国、ブラジル、台湾、イギリスといった世界中の国が保有していますよね。

小林　中南米諸国のような新興国は、経済発展の原資を外国から借りる必要があるため、その国の国債の保有者は海外の銀行である場合が多いです。先進国でみても、アメリカ、イギリス、ドイツ、フランスなどの国債を外国人投資家が保有する割合は多い。日本国債だけが例外的に外国人投資家の保有比率が小さいのです。

日本の国債は「重力に反している」

橋爪　日本の金融機関が当初、国債を購入した理由を考えると、当時は金利も五〜六％とリーズナブルで元金も保証されているという、絶対に損をしない投資先だったからです。ところが金利が下がっていき、今や国債を保有し続けるのは、売ったりしたら値崩れが起きかねず、それを防ぐためという状況に立ち至っている。

小林　それに加えて為替レートのこともあります。円高が続く限り、日本国債は外債よりも利回りがいいので、投資先として魅力があるわけです。

橋爪　ここ一〇年の為替レートの変化を見てみると、円高になったり円安になったりで、平均するとほぼ横ばいですよね。

小林　一〇年という長さで見るとその通りです。ただ、リーマン・ショックのあった二〇〇八年から見ると、かなり円高になっています。当時、一ドル一一〇円であったのが、安倍政権が誕生する直前には七九円をつけてました。

橋爪　二〇一三年八月は九六円ですね。少し前に一〇〇円まで行き、また戻ってきた。と

15　小黒一正『２０２０年、日本が破綻する日』（日経プレミアシリーズ、二〇一〇年）

いうことは、平均すれば、それほど変わっていない。

ですから一〇年単位で考えれば、日本国債を買っても外債を買っても、そう大きな違いはない。むしろ、金利のことを考えれば、いまや外債は有力な投資先のはずです。にもかかわらず、いまだに日本国債の購入が続いている。小林先生が先ほど言われたように、金融機関が国債を買い続けているのは、暴落への不安があるからです。あまりにたくさんの国債を抱え込んでしまった。そうだとすれば、実際に暴落が始まったら、われ先に国債を手放そうとするのではないでしょうか。

小林 とりわけ、国債を買い支えるだけの力がなくなった時にはそうなる可能性が高い。

橋爪 あと二〇年も経たないうちに確実にそうなってしまう。いまの段階でも、ちょっとしたきっかけで、そうなってしまう可能性もある。

小林 たしかに、**何かのきっかけで日本の多くの投資家が暴落を予測するようになれば、それが引き金となって国債が実際に暴落を始める可能性は大いにあります。**

橋爪 過去の事例を見ると、誤報やごく些細なきっかけで、暴落が生じたケースが少なくありません。それがいつ、どのように起こるかは予測不可能ですが、トレンドとしては、もうそういう、未知の領域に入っています。想定外のことがいつ起きてもいいように備えておくのが基本です。

小林　「未知の領域」という言葉は、まさしく日本の経済学者が国債について感じていることを言い表しています。

Is the Sky the Limit? Can Japanese Government Bonds Continue to Defy Gravity?（天井知らず？　日本国債は重力を欺き続けられるか？）という、日本国債について最近書かれた有名な論文があります（※16）。東京大学（論文執筆当時）の伊藤隆敏さんとスタンフォード大学の星岳雄さんが書いたものですが、副題にあるDefy Gravityとは重力に反している（重力を無視する）といった意味です。つまり、経済学者の常識からすれば、国債価格は今すぐ下落して当然なのにそうなっていない、ありえない事態が起きているという感覚が、この副題には表れているわけです。しかも、このお二人のみならず、日本国債を研究している経済学者であれば、ほぼ全員が同じ直感を持っています。

橋爪　なるほど。

では、アメリカ政府や金融規制当局、あるいは中国や欧米の機関投資家の人たちは、日本の財政状況や累積債務について、どのようなことを言っていますか。

16　Hoshi, T., and T. Ito (2013) "Is the Sky the Limit? Can Japanese Government Bonds Continue to Defy Gravity?" *Asian Economic Policy Review*, Volume 8, Issue 2, pages 218-247.

小林　ＩＭＦやアメリカの政府機関は、日本政府から豊富な情報提供を受けていますから、日本の財政がきわめて危険な状態にあるにもかかわらず、国債価格は不思議なことに高止まりしているということをよく知っています。

他方で、日本国債を買っている欧米の機関投資家にしろ、欧米の経済学者にしろ、あまり危機感は持っていません。「所詮、日本政府が国民から借金をしているだけなのだから、消費税を三〇％に上げればそれで解決できるだろう」と、高を括っています。政治も含め日本のことをよく知っていれば、消費税をそこまで上げるのがいかに困難であるかがわかるのですが、普通の外国人には理解できない。むしろ、「日本は経済大国なのだから、必要なだけ増税をすればいい。たしかに財政状況は大変だが、それで済むこと」というのが、平均的な外国人の見方です。

橋爪　しかし、日本の政治がこんなにも硬直化していると、小さなつまずきが大事に至ることだって、十分ありうる。もし私がアメリカ政府の危機管理当局者だったら、日本発の金融カタストロフが生じた場合、アメリカが支援するには規模が大きすぎるので、その影響が世界経済に及ばないように、何としてもその危機を、日本一国に封じ込めようとするでしょうね。

対アメリカということでは、小林先生はご著書で、アメリカと日本でお互いの国債を持ち合って、いざとなれば、それを売ることでリスクを軽減すればいいと書いておられます。それができればいいのですが、アメリカがそんな交渉に乗ってくるかどうか……。私がアメリカの当局者なら、「日本はそんなことを考えているのか。そうはさせないよ」と思うでしょうね。**日本発のリスクが、アメリカをはじめ他国に波及しないよう、いざとなれば日本を見捨てる。自分で解決しなさい。これがアメリカの本音で、本気で助けてはくれないのではないでしょうか。**

小林　その通りだと思います。あの本を書いた二、三年前はまだ、ナイーブに理論的可能性の世界を考えていました。しかし、アメリカの当局者であれば、橋爪さんが言われたような対応を取るはずです。つまり、危機を日本だけに封じ込めようとするでしょう。

橋爪　そうです。それで日本人がひどい目に遭えば、それで終わりです。

小林　世界の人びとはクールに傍観するのでしょうね。もちろん、火の粉が降りかからないよう、ブロックはする。危機が生じるまでは仲良く取引をして、国債もある程度は買ってくれるでしょうが、大量に保有するようなことはしない。だからこそ、日本国内の投資家が国債を買えなくなったら、たちまち危機的な状況に陥りかねない。

橋爪　海外の投資家が日本国債の購入をやめる時が、年貢の納めどきです。それが一五年後か二〇年後と予測されたら、実際にはそれよりずっと早く、買い控えが起こる可能性があるのではないでしょうか。

小林　あります。あるいは今のアベノミクスにより円安傾向が長期的に続くとか、海外から大量の化石燃料を輸入しなければならない状態が続き、貿易赤字が膨らむ中で、円安がさらに昂進するといったシナリオが信用されるようになれば、海外の投資家だけでなく日本国内の投資家にとっても、日本国債よりも外債に投資するほうが合理的な選択になってくる。そうなったとき、誰にもそれを止めることはできません。

橋爪　金融機関にしろ投資家にしろ、ジャパン・リスクを真剣に心配すれば、リスクを分散させようとしますよね。

小林　現に日本のメガバンクは、国債保有量をどんどん減らしています。既にリスク分散を始めているわけです。ですからここでマーケットの予測が変われば、国債から外債へ逃げ出すことも十分ありえます。

「財政敗戦」へのカウントダウン

橋爪　戦前の日本には「必勝の精神」があって、敗戦のことなど考えるだけでもいけなかった。でも実際には、戦争して敗れてしまいました。戦後になって、日本の国策は「経済大国」に変わりました。でも、そこでもまた、「敗戦」は想定されなかった。それがいま、敗戦秒読みのところまで来てしまって、このまま何もしなければ、また敗戦の憂き目をみることになるのではないでしょうか。

小林　アベノミクスは真珠湾攻撃のようなものだと言う人がいます。緒戦は華々しく勝利を収めるが、きちんと出口を準備していないので、最後には負けてしまうという意味です。いまマーケットでは、日本は調子がよくなり始めたという見方が広がっていますが、長い目で見ればアベノミクスはまさに真珠湾攻撃のようなもので、「財政敗戦」に向かっている過程ではないかと私も考えています。

財政問題に関して、これまで抜本的な解決策が打ち出されたことはなく、おそらく今後もそうでしょう。**増税と歳出削減という厳しい改革を遂行する以外に出口はありません。**しかし、それしかないとわかっていても、それが実行できない。まるで戦前に、中国から撤退すべきだとわかっていたのに、それができなかったのと同型です。

橋爪　先の戦争で負けてしまった元凶は、陸海軍にあります。陸海軍は、政府組織です。彼らは胸を張って、「われわれが国難を打開します」と言ったのですが、そう言う彼らの存在自体が、国難だった。

敗戦の結果、陸海軍がなくなり、世界の国々と付き合ってもらえるようになった。**中**

央省庁、日銀、地方自治体、それから大企業が、この国難を救うはずなのですが、戦前の陸海軍と同じで時代遅れになっていて、総退場願わなくてはならないような状況です。

小林　先の戦争の時もそうでしたが、もう一つの問題は、国民からの健全なフィードバックがうまく活かされないということです。戦前も、優れた判断力を有する人が在野にはたくさんいたのに、軍や官僚ばかりが政策決定権を握ってしまい、そうした人びとの知恵が政策にきちんと活かされなかった。

橋爪　「国債価格が下がると困るので、国債を買い続ける」という先ほどの理屈は、「日支事変で失われた三〇万人の尊い犠牲を無駄にするのか、ハル・ノート（※17）は呑めない」と突っぱねた、戦前の陸軍の言い分とそっくりです。これだけコストをかけたのだから、後戻りはできないというのと、国債の発行はやめられないというのは、同じ論理構造です。おかげで戦前は、手痛い敗戦を経験することになってしまった。しかし敗戦は、日本をリセットするいい機会でもあった。しかしいま再び、同じような敗戦を迎えようとしている。そもそも、ハル・ノートが示された段階で、陸海軍を解体していれば、あれほどひどいダメージを被ることはなかった。

小林　少なくとも中国から撤退するべきだったのです。

それで言うなら、今は、「社会保障制度をしっかり整備します」とか「国債は値下げさせません」といった、これまでの約束について、政治家や官僚が、「ごめんなさい、とても約束は守れません」と言えるかどうかですね。これが現代版の「撤退」のはずですが、彼らはそれがなかなか言えない。だからこそ、こういう本を通じて、「こうすべきではないか」と提言することが重要です。

橋爪　そう、いずれ財政が破綻するしかないとしても、「破綻する危険がある」とか「そうなったら、こんなひどいことが起きる」と、はっきり言わなくてはならない。

小林　一人でも多くの人にこの問題を知ってもらって、世論を変えていかなくてはなりません。そうなっても、もう手遅れかもしれないのですが……。

病状診断のポイント

1　**一般会計の予算九七兆円に対して、歳入はその半分弱。不足分は国債の発行でまかなわれている。**

17　太平洋戦争直前の日米交渉におけるアメリカから日本への最後通牒。アメリカ側の交渉当事者がコーデル・ハル国務長官であったことからこの名がある。

2　日本経済が慢性疾患にかかっている原因は、政府の歳出が大きすぎ、歳入が小さすぎるという不均衡が続いていること。この不均衡は、長期不況対策としての大幅減税と、高齢化に伴う社会保障費の増大による歳出の増加の結果である。

3　二〇二〇年代には日本の金融機関は国債を買い支える力を失っている。なぜなら、日本の国債総額は、二〇二〇年代には日本国民の総預貯金額よりも大きくなるからである。

第Ⅱ部
最悪のシナリオ

1 暗雲

scene1

トーストをほおばり、ブラックコーヒーを啜《すす》りながら、今仁求留造《いまにくるぞう》（44）はテレビニュースに目をとめた。FRB（アメリカ連邦準備銀行）の建物の前で、CNNのレポーターが早口でまくし立てている。

……FRBのブッチャー副議長は、前日の発言は真意を伝えておらず不用意だったと、発言を取り消し、陳謝しました。しかし日本の国債が近い将来、デフォルト（債務不履行）に陥る可能性が言及されたことで拡がった市場の動揺は、収まっていません。今日のNYの債券市場では……

今仁のアンテナに、不穏ななにかがひっかかった。国際金融のスペシャリストとして、職業的な勘は研ぎ澄まされている。

先月の通関統計では、経常収支の赤字がさらに拡大した。円安はさらに進むと、おおかたの機関投資家はみている。その矢先にムーディーズが、日本国債の格付けを一段階下げた。このタイミングで、FRB副議長のあの発言だ。日本の国債の先行きを、深刻に予測している検討のなかみが、ポロリと口をすべったのか。

いやむしろ、日本政府に対するアメリカの、遠回しの警告ととるべきかもしれない。その警告を、日本政府が見逃したとしたら――。冷やりとしたものが、今仁の背筋を伝わっておりて行った。

「帰りは遅くなるかもしれないよ。」

妻にこう言い置いて、玄関のノブに手をかける。今日は長い一日になるだろう。

＊

いつもの教室に入ると、学生たちが目をあげた。週一回、今仁は都内のキャンパスで、「国際金融」の講義をもっている。

今日のトピックは、国際投資と為替リスク。IMFと、いくつかのシンクタンクのレポートをとりあげて、最近の円安が新しい段階に入ったという見方を紹介していく。日本の預貯金の総額はおよそ一六〇〇兆円。国債発行残高が、だんだん天井に近づいている。市場はそれを見越して、円売り、ドル買いに動いている。相場がしばらく前まで、一ドル＝一〇〇円の前後を行き来していたのが嘘のように思われる。

いちばん前に座っていた学生が、手をあげた。

「円安に歯止めをかけるには、日本政府が財政再建に道筋をつけるしかないことはわかりました。では、その歯止めがかからないと、来年、円安はどこまで進みますか。」

今仁は一瞬、天井を向いて目を細めた。いまは一二月で、来年度予算の編成が大詰めを迎えている。政府が提案している消費税一五％への増税は、与党にも反対が多く、まとまりそうにない。このままでは、来年度の国債発行額は、今年度をさらに一〇兆円も上回るだろう。

＊

同じころ首相官邸では、濃尾梨彦《のうびなしひこ》首相が、日銀の只野矢久人《ただのやひさと》総裁と面会していた。只野矢総裁は、昨日のFRBブッチャー副議長の発言のあと、対応に追われ、ほとんど寝ていない。疲れた表情で首相と向き合っている。

濃尾首相は、消費税の引き上げを少なくとも一年、先送りにする腹を固めている。年明けには、来年度予算の国会審議が始まる。党内の足並みもそろわないのに、消費税一五％

にこだわっていれば、政権がもたない。

「消費税は、一五％に引き上げねばならない、近いうちに。それは動かない。」

濃尾首相は、慎重に言葉を選んで、ゆっくり話す。秘書官がメモをとっている。

「ただ、いまは時期が悪い。インフレの目標値は、いい線を行っている。円安もかなり進んだ。でもその効果が出るまでに、あと半年はかかる。輸出が伸び、企業に余裕ができたそのタイミングを、待つのだ。いま景気に水を差すわけにはいかない。」

ひと呼吸おき、首相は只野矢総裁の目をみて、こう続けた。

「来年度予算は、したがって、特に財源が厳しい。税収の伸びを見込んでも、あと一〇兆円足りない。どうかね、この部分を任せてよいかね。一年限りの、特例だ。」

国債の日銀買い入れ額については、形式的には、日銀が単独で決めることになっている。しかし、毎年の日銀買い入れ額は、政府と日銀の協議で決まるのが実態だ。予算編成に苦しむ財務省が音を上げて、財源捻出のため、国債の追加発行を首相に頼み込んだのだ。

いまは時期が悪い。それは、只野矢総裁が言うはずのセリフだ。ここ数カ月で国債の値下がりが進み、〇・五％だった長期金利がじりじり上昇している。新規の国債を一〇兆円も増発すれば、市中で消化できるはずがない。全額を、日銀が買い取ることになる。一年限り。消費税を一五％に増税すれば、すぐ返ってくる額ではある。

「やむをえないでしょう。進めましょう、その方向で。ただし、本当に今年限り、ですよ。」

「念書を書こう。」

と濃尾首相が言った。歴代の念書が、日銀の金庫に束になっているはずだ。秘書官が安堵した表情で、只野矢総裁に目をやった。

＊

その日の午後、今仁求留造は、勤務先の経済研究所で、ミーティングに参加していた。三年前からこの政府系シンクタンクの、上席研究員をつとめている。

同僚の物賀《ものが》高行《たかゆき》研究員が、今日の報告者である。

国債相場が続落して、長期金利が〇・五％から、かりに一％上昇したとすると、なにが起こるか。

「まず国債の、資産価値が減少します。発行ずみの国債が総額一〇〇〇兆円とすれば、金利が一％上昇すると、およそ八〇兆円近くが消える計算になります。」

経営基盤が弱いうえ国債を大量に抱える、地方銀行や信用金庫の、自己資本比率が危険ラインにまで低下するだろう。法定の自己資本比率は四％だが、それを割り込むところも出てくる。困った金融機関は、貸し渋りや貸し剥がしに走る。その結果、中小企業の運転資金が不足してくる。輸出が好調でも、資金繰りがつかず倒産する会社が出てくる。

「大手銀行はまだ余裕があると思いますが、念のため、増資しようとするでしょう。でもこの情勢で、おいそれと増資に応じる出資者はないと思われます。」

金融システム安定のためには、したがって、銀行に公的資金を注入するしかない。政府の資金を直接、銀行に出資し、優先株を取得する。その資金は、政府が国債を発行して日銀が買い取り、提供することになる。また日銀はこのほかに、金利上昇を抑えるため、国債を買い支える。これらの資金の合計はどれぐらいになるのか。市場の反応によっては、一〇〇兆円を超える可能性があるだろう。

日銀にこれができるか。できない場合、ほんものの金融危機が訪れることになる。それは誰も、想像したくもないことだが。

「残された時間は、あまりないと思うんです。」

物賀研究員はこう、報告をしめくくった。

今仁求留造は、あちこちから漏水している、ジャングルジムのような水道管のかたまりを頭に想い浮かべた。一ヵ所をふさぐと、別な場所からさらに勢いよく水が漏れだす。水が漏れているからと、水圧をかけてもっと水を送るのは、よいやり方なのか。

＊

夕方、今仁求留造と物賀高行は連れ立って、日銀の杉田園泰《すぎたそのやす》を訪れた。杉田は、物賀がスタンフォード大学に留学していた頃からの友人である。只野矢総裁の信頼が厚く、日銀政策委員会の事務局に加わっている。

三人は情報交換のため、月に一回のペースで会っている。

今日は顔をあわせるなり、昨日の「国債デフォルト」発言の余波と今後の、情勢分析の話になった。物賀が持論を語り、杉田がつっこみを入れる。盛り上がったところで、「実は」と、杉田が切り出した。

「只野矢総裁から宿題が出ている。国債の日銀買い取りの上限を、一時、取り払うことを検討せよ、というんだ。」

「それはもう、決まったことなのか。」

と、物賀が確認する。

「政策委員会には、これから諮る。けれども上からの話で、断ることはできないと思うんだ。」

「手続きとしては、政策委員会で決めればよいのかもしれないが、無制限に国債を買い入れるなんて、世界でも例がないな。」

今仁は、そう言ってから、そうだ、世界でも初めてのことが起ころうとしているのだ、と改めて思った。水漏れのする水道管に、またしても大量の水が注ぎこまれようとしている。

＊

あの日が分かれ道だった、と今仁求留造はいまになって思う。

市場は、日本政府が財政再建に向けてどんな手を打つか、注目していた。しかし、日本政府は、動きが鈍かった。年が明けると、円安を見越した投機や、日本国債売りが強まった。日銀は国債を買い支え、二月には、一週間で一〇兆円を上回る水準になった。そのぶん、通貨供給量が増加して、インフレに弾みがつき出した。このままでは、インフレターゲットを超えてしまう。

日銀は、そこで、通貨供給量を減らすため、手持ちの国債を売りに出したが、買い手がつかない。

それでも日本経済は、まだ、嵐の前の静けさを保っていた。

そのあと起こったことに比べれば。

危機の第一段階

橋爪　日本の国債が危機的状況に陥るきっかけとして、どんなことが考えられるでしょうか。

小林　**一番起こりそうなシナリオは、日本の経常収支が大赤字になり、外国人投資家が国債をどんどん売りに出してしまうというものです。**

橋爪　あるいは、外国の信用調査機関が、「日本は破綻寸前だ」みたいなレポートを書いて、世界中が驚く、とか。

小林　**日本の財政がひどいというレポートは、すでに多くの信用調査機関が出しています。**経常収支の赤字が定着し、黒字には決してならないというレポートが出るほうがインパクトは強い。

橋爪　そんなレポートが出て、アメリカかヨーロッパの財政担当大臣がポロっと不用意な発言をしてしまう。それが新聞にのり、テレビで流されて世界中を駆けめぐり、株価も為替も大きく変動する。急いで記者会見を開かざるをえなくなった、日本の首相がまたもっと困ったことを口走ってしまい……

小林　そういう可能性はありえますね。ＩＭＦのほか、ムーディーズやＳ＆Ｐ（スタンダード・アンド・プアーズ）といった格付け機関が日本国債の調査をし、それまではシングルAかダブルAのマイナスくらいだったのが、三つくらい格下げされる。

橋爪　そして、「投資不適格」になってしまう。

小林　そこまで、すぐには行かないと思います。ただ、そうした格下げが起こり、「これから先、日本の経常収支は赤字が続く」と信用調査機関が予測し、ＩＭＦの高官や欧米の財務大臣が「これからは円安が続くはずだ」とコメントする。それにマーケットが反応し、みんなが円を、そして国債を売りに出し、ドルを買う方向に走る。

橋爪　明日、起こっても不思議はないと思いますねえ。

さて、そのころたまたま政府の予算編成の時期で、特例国債の発行法案が国会にかかっていたとします。政府の本音は財政再建で、消費税率のアップや福祉のカットを精一杯アピールしたものの、野党が大反対して、議論が紛糾する。そうやって国会が空転を続け、いたずらに時間だけが過ぎていくと、マーケットの信認をえるどころの話ではない。

小林　そのようなシナリオが最も起こりそうです。特例国債に関しては、予算が成立すれば自動的に発行してよい、という制度が二〇一三年から二〇一五年の三年間に限って国会で導入されました。この制度があれば、予算が通っているのに特例国債が発行できない、という「ねじれ国会」の問題は回避できます。この制度は今後も延長されていくでしょうから、特例国債をめぐる駆け引きが市場を混乱させる可能性は二〇一二年以前に比べると低くなってはいます。

財務省は毎月、日本の輸出入に関する統計データを出しているのですが、たとえば一二月のそのデータで、経常収支が大幅赤字になる。それを見たムーディーズやS&Pが日本国債を格下げし、IMFの高官が「日本の経常収支の赤字はこれからも続くだろう」とコメントする。そのタイミングで、欧米のどこかの国の財務大臣級の人が「もっと円安になる」と発言すると、日本国債の金利が上がり始める。いっぽう、日本の国会では、財政再建を目指す政府案に対して、「もっと国民にサービスせよ」と主張する野党が予算案に反対。このため予算案はなかなか通らないまま新年度が始まってしまう。そんな状況下で、国債の金利が高騰していくというのが危機の第一段階です。

橋爪　金利は何%くらいまで、上がってしまいそうですか。

小林　現時点では長期国債の金利は約〇・五%ですが、このシナリオが進行するあいだに一%以上となり、二%に向けて上昇していくというイメージです。そうすると、大変な危機が起こり始めるわけです。いや、**国債の金利が二%まで上がる前に、日銀の買い支えが始まるはず**です。

橋爪　買い支えの原資（手元資金）はいくらまで、みたいな法的な縛りはありますか。

小林　それを縛る法律はないはずです。ですから理屈の上では、日銀独自の判断で、いくらでも買い支えられる。

橋爪　日銀の政策委員会（最高意思決定機関）が決めさえすればいい、のですか。

小林　はい、政策委員会がそういう内容のガイドラインを定めれば実行できるはずです。

橋爪　そんなガイドラインは日銀が、いくらでも勝手に変えられる？

小林　その通りです。中でも、黒田総裁が率いる今の日銀では、財政危機だと認識した途端に臨時会合を開いて、そのガイドラインを即、改定するのではないでしょうか。

橋爪　国債を買い支えるのに、二〇兆円までとか四〇兆円までとかいった、上限があるわけではないのですね。

小林　はい。

橋爪　しかも現金は、足りなければ、どんどん刷ればいいわけだ。

小林　刷る必要もない。銀行が日銀に預金している預金口座の数字を引き上げればいいだけですから、コンピュータの操作ひとつで、きわめて迅速に買うことができます。

そうなれば、金利も三％までは上がらないかもしれません。

橋爪　しかし、相当な「売り圧力」がかかって来ると思うんですよ。「今売って、来年買い戻す」みたいな先物取引をやる連中の、大量の売り浴びせが起こる。日銀が国債を買うかどうかわからないから、みんなおとなしくしているわけであって、「高値でも必ず買います」と言ったとたん、集中的な売り浴びせの標的になりませんか。

小林　必ずしもそうとは限りません。**売り浴びせが起きるのは、「日銀は国債を買うという約束を果たせなくなって、いずれ国債は値下がりする」と投機家が予想するときです。**日銀は理論上、いくらでも日本国債を買い取ることができるので、「日銀が必ず買ってくれるから国債の値下がりは起きない」という市場予想が広がることも可能です。値下がりが起きない、と市場が予想するなら、金融機関は、いま売らなくてもいいと判断するでしょう。すると実際に、国債の価格は下がらなくなる。日銀や政府はそれを期待しています。

橋爪　なるほど。

でも、**日銀が無制限に国債を買い支えるとなると、貨幣供給量が増えてしまう。当然、インフレが起きますよね。**

小林　その通りです。日銀が国債を無制限に買い支えれば、金利の上昇を抑えることができるのですが、それによって……

橋爪　悪性インフレを自らひき起こしてしまう。

小林　日銀はそのジレンマに直面せざるをえない。

危険な「二・二・二」

橋爪　日銀券をいくら発行するかという、日銀券の発行残高は、だいたい決まっているのでしょうか。ま、経済の実需に応じて、多少変動するにせよ。

小林　はい。今は八〇兆円から一〇〇兆円です。日銀はそれを、二〇一五年四月までに二倍にすると言っています。

橋爪　えっ、二倍ですか。

小林　はい。二〇一三年四月に、そう約束をしています。

橋爪　そんなことしたら、大変なことになりませんか。

小林　日銀総裁の黒田さんが、それによってデフレを退治し、インフレにすると約束したわけです。

橋爪　それは病人に、興奮剤を注射するような話ではありませんか。

小林　日銀内や市場の投資家のあいだでは、いまの日銀の金融政策は「二・二・二」の政策と言われています。二〇一三年四月から一五年四月の「二」年間で、百数十兆円のマネーサプライを「二」倍にすることで、物価上昇率を「二」%にする、というのが、いまの日銀の政策目標だからです。

橋爪　信じられない。二%のインフレですむわけがありません。貨幣数量説がありますよね。昔ならったのを思い出すと……、貨幣供給量をM、貨幣の流通速度をV、物価水準をP、取引回数をTとすると、

M×V=P×T

だったかな。

小林　そうです。

橋爪　Mが増えれば、Pも増える。VやTはそう変化しないから。つまり、貨幣が増えれば、物価も上がる。

小林　黒田総裁の考え方は、デフレでマネーの流通速度（V）が低下しているのが現状なので、貨幣量（M）を二倍にしてもVは十分小さいから、物価（P）は二%くらいの上昇で済むだろうというものです。

橋爪　でもそれを言うなら、もし物価が二%上がったら、V（貨幣の流通速度）もぐんと上昇するのではないでしょうか。

小林　みんな貨幣を手放そうとし始めますからね。

橋爪　そうです。すぐ消費しないといけないわけです。
　いまはデフレで、価格が下がっていくと思うから、すぐに購入するのは手控えて、しばらく待とうというガマンの生活になっている。そうした市場心理が反転したとたんに、貨幣の流通速度は急上昇する。そのため貨幣の量は一定でも、物価はさらに上昇する。

小林　日銀は、流通速度（V）が大きくなれば貨幣（M）を減らせばいいと考えています。

橋爪　どうやって？

小林　国債を売って貨幣を回収するというんです。

橋爪　その国債は、誰が買うんでしょうか。まず国債の金利が二％になった時点で、長期金利も上昇しているはずです。そのせいで国債価格は先行き値下がりを続けるとみんな思う。そんな国債を、誰も買うはずがない。

小林　そうなんです。買い手がいない。そこで日銀は、銀行を破綻させないために、自ら国債を買わざるをえなくなる。そうすると、インフレ率は二％に達していますから、貨幣の流通速度（V）も速くなっているため、それを抑えるために慌てて国債を売ろうとするが、買い手がつかない。

橋爪　逆に国債を、日銀が買わなければいけない。

小林　そうです。そういう状況に追い込まれる。

橋爪　貨幣を刷るのは簡単ですが、減らす方法がありません。買いオペ（※18）で回収するといっても、それは小さな変化の場合であって、ある程度以上の変動が生じたら、それを減らす方法はありません。奈落に向かって、トロッコで進んでいるような気がします。こんなことしか考えつかないのなら、日銀総裁なんか誰にだってつとまる。

小林　そもそもマーケットの人びとは、二％のインフレを達成できるかどうかに懐疑的です。だからインフレが二％を超えて上がり続けたらどうやって止めるか、という方法を誰も具体的に考えていないのです。**もし本当に二％のインフレになったなら、強力な財政再建なしでは、どう考えても出口が見えてこない。**

橋爪　インフレが二％を超えることは、まったく「想定外」なのですね。打つ手なし。結局、ハイパーインフレに向かっていく。

小林　もしそうなったなら、日銀の金融政策ではどうしようもなくなり、財政を引き締めるしかなくなる。要するに増税です。

橋爪　でもね、財政引き締めは、数十年かけて行なうもので、じわじわ効果をあらわす。ハイパーインフレに対して、即効性があるとは思えません。

小林　**早い段階で政府が財政再建を行なうというメッセージを発して、それを世界中の投資家が信用してくれれば、民間の投資家が国債を売るのをやめるかもしれません。**そうなれば金利もあまり上昇せず、インフレ率は一〜二%に収まり、日銀は国債の売りオペを行なうことでマネーを回収し、投資家は国債を保有し続けてくれる。ハッピーなシナリオですが、これが実現するかどうかは、初期段階で日本政府が「財政再建をやり抜く」というメッセージを打ち出せるかどうか、それをマーケットが信用してくれるかどうかにかかっています。

橋爪　安倍政権にそれができるとは、とても思えませんね。安倍政権は景気を回復させてから増税を行なうつもりでいるようですが、そもそも、これから増税が行なわれるようなタイミングで、企業は設備投資を拡大したりするものでしょうか。

小林　経済成長を促すことによって税収を増やすのも、財政再建の一種です。安倍政権の立場がまさにそれです。

橋爪　人口減少社会に突入したいま、それはとても難しいと思います。

18　日銀が手持ちの国債を民間に売って、現金を吸い上げること。

トリプル安へ

橋爪　債券市場がこういう状況になるとして、株式市場はどうなるんでしょうか。

教科書にどう書いてあるかというと、国債が売りに出されて値下がりすれば、資金が株式のほうへ移動し、株が値上がりする。

小林　国債価格も株価も、両方下がってしまうシナリオもありえます。というのも、**国債価格が下がった場合、金融機関は自己資本比率を維持しようとして、貸し剝がしを行なう可能性が高い。**それが全国的に行なわれるようになれば、企業の資金繰りは急激に悪化し、経済活動に深刻な影響を及ぼします。その結果、企業の減収減益が生じ、株式による配当も期待できなくなりますので、株価も下がっていく。つまり、**国債価格が下落することで、日経平均株価も下がる。日本経済に対する市場の信認も失われるので、円も売られて安くなる。債券、株、通貨のトリプル安です。**しかも、円安によって国債価格がさらに下がり、株価も下がっていく。

橋爪　これまで日本で、トリプル安が起きたことはありますか。

小林　トリプル安という現象は起きたことはないですね。

橋爪　いまの日本人は、「円安」と聞くと大喜びで、「成長チャンスだ。株が上がるぞ」と思っています。

小林　たしかに円安になれば輸出が増加しますから、輸出産業にとってチャンスが拡大します。それによって輸出産業が立ち直り、株価も上がると主張する人もいます。しかし、いま議論しているような、国債が危機的な状況に立ち至った場合、金融機関による貸し剝がしが進み、経済活動が停滞するという負の側面が出てくる。円安には正負両面があるわけですが、後者のほうが先に生じる可能性が高い。そうすると、輸出が増える前に倒産する企業も出てきかねません。マーケットがそういう予想をすれば、株価も上がらなくなる可能性が高い。

橋爪　そうなると、国債や株のかたちで資産を保有している金融機関の財務状況が、急激に悪化する。

小林　はい。生命保険会社も危なくなってきます。生保は通常、国債を満期になるまで保有していますから、国債価格が下がっても、あまり懐は痛まない。しかし株にも投資していますから、投資先の株価が下落したままになってしまうと、資金繰りができなくなってしまい、保険金が支払えなくなる可能性もある。

橋爪　長期ものの国債が値下がりしても、生保はじっと我慢するが、株式には敏感に反応して、それを先に売る、ということですか。

小林　そうです。

橋爪　株価が値下がりして買値を下回った場合、それでもあえて売れば実損が生じるので、売りたくても売れない。だから現金を手にすることもできない、ということになるのでは。

小林　あるいは、株価がもっと下がると予想し、早めに売ろうとするかもしれません。生保の場合、保険金を支払うために現金が必要になるわけですが、通常は満期になった国債の償還金か、株を少し売って作った現金で十分足りています。しかし、株価が下がってくれれば、より多くの株を売らなければ、保険金を支払うのに必要な現金を手にすることができません。そうなると、株式市場で株の売り手が増えていき、と同時に買い手が減っていきますので、ますます株価が下がるというスパイラルにハマり込んでしまう。

橋爪　そうなると、円安がさらに進むでしょうね。海外の機関投資家が、円を売り浴びせてくるのではないですか。

小林　その時点における日本の外貨準備高がどうなっているかで、外国人投資家の行動も大分違ってくるはずです。

彼らが日本国債および日本円を売り浴びせてくる場合を考えてみましょう。現時点で日本の海外資産は約二五〇兆円。それが一五〇兆円くらいまで減ったとしても、通貨危機が生じる可能性は高くはないのではないかと思います。

橋爪　なぜそう言えるんですか。

たとえば、これから先一〇％の円安が進むという予測が広がったなら、とりあえず先物で円を売り、実際に円安へ動いたタイミングで円を買い戻して、差額を稼ごうとする人びとが出てくるはずです。日本国内で円資産を持っている人だって、円安になる前に資産を海外へ移転させるか、外貨を購入するかして一時避難し、円安が進んでから、円を買い戻そうとするはずです。

小林　たしかに、多くの日本人がそういう行動を取り始めれば、円安も急激に進むでしょうし、海外の投資家もそれを見越して売り浴びせを仕掛けてくるでしょう。資本逃避が始まるわけです。そんなふうにして内外の機関投資家がこぞって円売り、ドル買いを始めてしまうと、政府や日銀が使えるドル資産（アメリカ国債）は現在約一〇〇兆円ですから、あっという間に枯渇してしまいかねません。

米中は日本の危機にどう対応するか？

橋爪　日本円を買い支えるには、政府が保有するアメリカ国債を売却する必要があるんじゃないでしょうか。

小林　その通りです。

橋爪　しかしそうなると、アメリカ政府は、ドル売りはともかく、アメリカ国債を売るなんてとんでもない、といった態度に出るのではないでしょうか。日本はほんとにアメリカの同盟国なのか、という問題になってくる。

小林　はい。そういう政治的な摩擦が生じて、結局、売却できなくなるかもしれません。しかし、そうなると、円安がますます進んでしまう。

橋爪　ここまで来ると、世界中の機関投資家や政府は、気が気じゃなくなって、日本からの情報を求め、対応を協議するはずです。

彼らが最も危惧するのは、日本発の金融危機が、海外へ飛び火することですよね。

小林　ただ、欧米圏の金融機関は日本の資産をさほど保有していませんから、危機が一気に拡がることはなさそうです。例外はアジア圏です。ここ数年、ヨーロッパの銀行がアジアから撤退しているのですが、それと入れ違いに日本の銀行がどんどん進出しています。中国のほか、東南アジア各国で貸出金が急激に増えている。それが縮小する可能性があります。

橋爪　その程度ですめばいいが。アメリカは、無事でしょうか。

小林　日本の金融機関がおかしくなっても、アメリカは大丈夫だと思います。一九九八年の金融危機でも、それが海外に飛び火することはありませんでした。もちろん、当時と比べれば金融商品の種類は増えていますが、全体として見れば、あまり状況は変わっていません。ですから、日本で生じた問題が、すぐに欧米のマーケットに深刻な影響を及ぼすとは考えにくい。

橋爪　ギリシャ、イタリア、スペインの場合は、違いました。EU全体の問題になった。日本の場合、国債のほとんどを国内の金融機関や投資家が保有している。やはり、この違いが大きいですか。

小林　その通りです。もし日本国債の多くを外国人が保有していたら、ギリシャ危機のように各国へすぐに波及しますが、**日本国債の九割以上を日本人が持っていますから、海外の金融機関に影響が及ぶことはまずない**と思います。

橋爪　とすると、日本国債が暴落したとしても、世界経済から見て、それほど心配ないんですか。

小林　はい。ただ、日本経済が混乱することで、日本の企業がこれまで欧米に輸出していたものが途絶えてしまう可能性はあります。実際、東日本大震災の後、そういうことが起きました。しかしそれは金融システム全体を揺るがすような大問題とはなりえません。

橋爪　日本企業の製品はだいたい、他国でも作っているようなものばかりですからね。

小林　たとえば日本車が買えなくなっても、韓国車があります。

橋爪　じゃ、もっとも被害をこうむるのは、日本企業の下請け工場の多い、東南アジアでしょうか。中国は大丈夫？

小林　判断が難しいですね。というのも、中国の雇用のかなりの部分を、日本の企業が支えていますから。多くの日本企業が現地生産をしていますので、一気に撤退するとなると、確実にネガティブな影響を与えることになるでしょう。それが中国の国内需要に飛び火して、中国が深刻な不況に陥る可能性はあります。

橋爪　「手元の資金が不足している。お金を貸してくれ」と、日本政府が、外国政府に頼み込む可能性がありますね。

小林　日本円や国債を売る動きがどこまで急激に進むかによると思います。

橋爪　大したことない間は、外国政府に援助を依頼しない可能性が高いですか。

小林　いいえ、おそらく危機の初期段階で、「日本の国債をぜひ買ってください。もっと買ってください」と各国に呼びかけるのではないでしょうか。

橋爪　言われた国は、迷惑じゃないですか。

小林　しかし、言わなければなりません。「増税も財政再建も、責任を持ってやります。日本国債は本来、安全です。長期的には決して値下がりしません。安全な資産ですから、どうか買ってください」と、中東や中国に売り込みに行く。今もやっていますが、こうした営業活動を、ますますやらざるをえなくなる。

橋爪　でも、金利も低いし。リスク分散のためにおつきあいで買う国なら、少しはあるかもわからないが、進んで買ってくれるようなところがそれほどあるとは思えない。

小林　いまは円高ですから、金利が低くても買ってくれるわけですが、円安に振れたなら、どうなるか……。

橋爪　これから円安になると思えば、買いませんよね。金利が少々上がったとしても、円安になれば大損ですから。為替リスクが大きい。

小林　買ってくれないと思います。

橋爪　だとすれば、「国債を買ってください」じゃなくて、緊急融資を頼むべきでしょうか。

小林　**協力してくれそうなのは、アメリカと中国しかありません。**この二カ国が対応してくれるかどうかは、国際政治や安全保障の見地から検討しないと、何とも言えません。

橋爪　私の予想では、中国が日本に手をさしのべて、国債を「買う」と言ったとたんに、アメリカが割り込んできて、「じゃあ、われわれが全部買う」と言うはずです。

小林　中国に対してアメリカは、そう出ざるをえないでしょうね。

橋爪　中国が日本国債を手にすれば、日本政府に対して強力な発言力を持つことになる。

小林　いっぽうでアメリカの世論は、「日本の国債なんか買うべきじゃない」となるでしょう。

橋爪　はい。

小林　中国が「買う」と言った場合、安全保障の観点に照らせば、アメリカの指導層は「日本の国債を中国に渡さないほうがいい」と考えるはずです。しかし、その意見は国内ではあまり支持されず、中国にもある程度保有してもらうということで落ち着かざるをえない。そうなると、外国に買ってもらいたい日本国債の半分弱は中国が、残り半分強はアメリカが保有するということで落着するのじゃないでしょうか。

橋爪　それは、米中間で、合意ができた場合ですね。合意ができなかったら大変だ。

小林　合意ができなければどうなるか、まったくわかりません。延々と米中間で話し合いがなされるのでしょうか。しかしそうなると、インフレ率や金利が不安定になる。

国債金利の上昇で銀行はどうなる?

橋爪　国債の金利が上がると、いちばん困るのはどういうことですか。

小林　**国債の金利は、企業や個人の借り入れ金利に連動していますから、中小企業の資金繰りにもすぐ影響が出ます。**個人の場合も、たとえば変動金利型の住宅ローンを組んでいる人であれば、金利負担が上昇しますから、泣く泣く持家を手放さなければならなくなるケースが増えるでしょうね。

橋爪　簡単に言うと借金の、利払いの負担が増えるのですね。

小林　その通りです。金利変動が大きければ大きいほど、負担が増えます。

橋爪　利払いの負担が増えれば、運転資金の乏しい中小企業や、住宅ローンを借りているサラリーマンが苦しくなるのはわかります。影響はそれだけですか。

小林　短期の借り入れで回している大企業も深刻な影響を受けます。銀行や信金、信用組合といった金融機関の場合、国債を大量に持っていますが、国債の金利が上昇すると国債価格が暴落してしまう。金融機関にとって、国債は不良債権と化してしまうわけです。そうなると、お金を融資する力も弱まってしまう。

橋爪　なぜですか。

小林　金融機関がお金を貸し出せるのは、自己資本をある程度持っているからです。自己資本は貸し倒れリスクのバッファー（安全装置）なのです。国債の価値が下がれば、その分、自己資本が減少するので、銀行がとれるリスクが減ってしまいます。すると、企業に対する新規融資ができなくなったり、融資額を減らしたりしなければならなくなる。その結果、経済全体で見れば、企業の資金繰りが急に苦しくなるわけです。

橋爪　そこは、もう少しうかがいたい。

すでに国債をたくさん保有している人がいたとします。金利が上がっても、その人たちが受け取る国債の利息額は増えないのですか。

小林　増えません。固定金利型で利払いをすることになっていますから、受け取る額は同じです。

橋爪　市中金利が上がるので、国債の価格（現在価値）が下がるだけなのですね。

小林　マーケットで国債を売る際の価格が下がる、ということです。

橋爪　長期金利が〇・五％のときに国債を買ったとして、たとえば金利が二％上がったら、価格はどれくらい下がりますか。

小林　一〇年物の国債であれば、金利上昇分の二（％）×一〇（年）で、二〇％ほど下がります（※19）。

橋爪 二〇％分、価値が目減りしてしまう。これは、大変な数字ですね！

小林 大変な額です。

橋爪 国債を持っている人たち全員が、それぐらい損をする。

小林 そのほとんどが、銀行や信用金庫、信用組合、保険会社といった金融機関です。

橋爪 国債の発行残高は一〇〇〇兆円ですから、損失総額を計算してみると、長期国債の価値が一〇％下がれば一〇〇兆円の損失、二〇％なら二〇〇兆円の損失になると思います。

小林 **バブル崩壊後の日本では、不動産価格の下落によって、数百兆円分の価値が失われましたが、国債の場合、金利が二％になると、一〇〇兆円ちかい損失が生まれるはずです。**

橋爪 トランプのババ抜きみたいですね。第Ⅰ部でものべましたが、国債がババで、それを保有するすべての人が損をする。それでも国債を手放さずに、経済活動が続けられる企業はまだいい。でも、苦しいところは、国債を投げ売りせざるをえないから、国債はなお暴落する。国債の暴落だけではすまなくて、いずれ経済システム全体が壊れてしま

19 満期まで一〇年残っている場合について、単純化のため複利ではなく単利で計算。

う。

小林　やはり問題は、信金、信組を含む銀行です。彼らは日々、預金の引き出しに応じなければなりませんから、国債を保有しておきたくても、早晩、安値で売却せざるをえなくなるでしょう。

銀行の安全装置とは？

橋爪　銀行の企業会計についてうかがいます。

債券の価格はつねに上下しています。銀行はそうした変化を毎日計算し、帳簿をつけ直しているわけではありませんよね。だとすると、「この債券は価格が下がったからまずい」という判断は、どの時点でするのでしょうか。決算みたいに、三カ月に一度とかですか？

小林　はい。四半期に一度は株主に報告をしなければなりません。

橋爪　わずか二、三日のあいだに国債価格が急落し、翌月には時価会計の報告が控えているといった場合、銀行の担当者は即座に、「これは大変だ」と気づくのではないですか。

小林　気づくでしょうし、マーケットでもすぐに噂が飛び交うでしょうね。

橋爪　銀行の会計で、いちばん大切なのは何でしょうか。

小林　自己資本比率でしょうか。第Ⅰ部でも触れたように、国内業務を行なう銀行であれば、それを四％以上に保たなければなりません。国際業務を行なう銀行は八％以上です。

橋爪　それは、国際的なルールですか。

小林　もともと、ＢＩＳ（国際決済銀行）の銀行監督委員会が、国際業務を営む銀行の自己資本比率について定めたもので、日本では金融庁がその基準を定めています。

橋爪　自己資本比率のルールに違反した場合、罰則はあるんでしょうか。

小林　はい。基準を満たせなければ、金融庁が経営改善計画の提出・実施を求めたり、場合によっては業務停止を命じることもあります。

橋爪　**自己資本比率とは、「その銀行の総資産に対する、自己資本の比率」**ですよね。ここでいう「総資産」とは、貸出残高のことでしょうか。

小林　貸出残高に、国債を中心とするその他の保有資産を加えたものです。

橋爪　ああ、はい。では、「自己資本」とは何ですか。

小林　総資産から、銀行が負っている固定債務を引いたものです。言い換えれば、総資産から預金を差し引いた分が自己資本となります。

橋爪　国債は、総資産に含まれるわけですか。

小林 はい。ですから、国債の価値が下がれば、資産量も減っていく。

橋爪 とすると、たとえば一〇兆円で買った国債が八兆円に値下がりしたとすると、その分、自己資本比率の分母となる総資産も減ってしまう、と。

小林 分母だけでなく、分子の自己資本も減るのです。式で見ると、こんな風になります。

自己資本＝総資産－預金

自己資本比率＝（総資産－預金）÷総資産

国債の価値が下がって総資産が減るときに問題なのは、預金の金額は変わらない、ということです。預金が変わらないのに総資産が減るので、自己資本も減るし、自己資本比率も減る。たとえば、総資産が100で預金が90のとき、自己資本は100－90=10で、自己資本比率は10÷100=10％になります。ここで、総資産が95に減ると、自己資本は95－90=5になり、自己資本比率は5÷95=約5％になります。

橋爪 それにしても、総資産に占める自己資本の割合がたった四％でいいというのは、きわめてゆるい基準ではありませんか。

小林 銀行からすれば、預金者から、できるだけ多くの預金を集めて、貸し出しを積極的に行ないたいわけです。そのほうが、儲かりますから。そうなると銀行は、自己資本をなるべく小さくしようとする。こうした状況で、資産価値が下がってくると、とても危険です。預金者が引き出そうとしても、返せなくて、取り付け騒ぎが生じかねません。ですから、そうならないよう、バッファーとして四%の自己資本比率は維持してください、という規制をかけているわけです。

橋爪　銀行が保有している現金や不動産なども、自己資本に含まれるのでしょうか。

小林　いいえ、含まれません。自己資本というのはあくまで、負債の一種です。

たとえば、株主に株券を渡して現金をもらい、出資してもらったとします。その現金は銀行の金庫にしまい込まれたりせず、企業や個人に貸し出されている。つまり、銀行が保有する資産には、こうした貸出と国債の二つがある。そして銀行の負債には、固定された預金と自己資本の二種類がある。銀行のバランスシートを図で考えてみましょう（図4）。

図4　銀行のバランスシート（例）

総資産	総負債
貸出（90）	預金　（95）
国債（10）	自己資本（5）
計　100	100

銀行の総資産と総負債は等しい、と定義します。総資産は貸出と国債がある。少しだけ手持ちの現金もありますが、それは無視してもよい量です。

前述のとおり、自己資本とは「総資産－預金」ですから、総資産の価値が変動すると、預金の価値は不変なので、自己資本は変動してしまいます。だから、自己資本とは固定されていない負債ですし、その意味するところは、銀行の将来の利潤の現在価値であるわけです。

橋爪　一般の企業会計と、どこか異なっているのでしょうか。

小林　どちらも基本は同じです。ただ、一般企業の場合は、資産として、金融資産でなく土地や工場等を持っています。それに対して、銀行の資産は貸出と国債という金融資産が主なものです。

橋爪　自己資本比率が四％を下回ってしまうと、銀行は、荒縄で首を絞められるような状態になるのですね。

小林　資産価値が小さくなると、自己資本も自動的に縮小してしまいますから、大変です。

銀行が国有化されるとき

橋爪　そうした場合、銀行にはどういう対処法があるのでしょうか。

小林　まず、貸し出しを減らし、融資したお金を返してもらうということですね。そのお金で預金者に預金を返済します。

たとえば図4で、貸し出したお金を10、返してもらい、そのお金で預金を10返済するとします。そうすると総資産は90になり、預金は85になります。すると、最初は5％だった自己資本比率が、5÷90＝約5.6（％）に上昇します。こうすれば自己資本比率を改善させることができます。

橋爪 たしかに改善すると思いますが、でも、だいぶ減らさないと駄目ですね。たとえばなにかの加減で、自己資本比率が四％から二％に下がったとします。そうすると銀行は、事業規模をこれまでのおよそ半分に縮小させなければならなくなる。

これをやらずに自己資本比率を高める方法として、自己資本それ自体を注入するやり方があると思いますが、具体的にはどうするのですか。

小林 株主を増やす、ということですね。要するに、「現金を下さい。代わりに株券を差し上げます」という形での増資をするわけです。

橋爪 でも、それに応じる人がいなければ、どうにもならない。そういう場合、日銀に頼めますか。

小林 日銀は無理です。銀行も民間企業ですから、そうした企業の増資を助ける権限は日銀にはありません。

橋爪 絶対にできませんか。

小林 無理です。ですが、貸すことならできます。

橋爪 しかし、貸してもらっても、銀行にとっては、自己資本にはならないのでは。

小林　ええ。日銀からの借り入れが増えるだけです。それで当座の資金繰りは楽になりますが、自己資本を改善することにはなりません。

自己資本を改善するには、政府の公的資金による資本注入という手があります。しかし、そのためには「この銀行は破綻寸前である」と、政府が認定しなければなりません。そうなって初めて政府は、その銀行に公的資金を注入することができる。

橋爪　その場合、政府はその銀行の株券を買い上げて、代わりに現金を渡すということになるのでしょうか。

小林　少し違います。預金保険機構という、認可法人があります。ここが銀行に現金を渡して、銀行は株券——よくあるのは優先株——を預金保険機構に引き受けてもらうというかたちです。

橋爪　それが極端な場合は、国有化になる。

小林　政府がどれだけ関与するかによって、公的資金の量も変わってきます。その銀行の自己資本がゼロになってしまい、すべてを公的資金でまかなうとすれば、それは定義上、国有です。その場合、銀行経営者をクビにして、政府が選んだ人間を経営者に据えることになります。

橋爪　もし、どの銀行も軒並み危機に見まわれたとすれば、どれくらいの公的資金が必要になるでしょう。

小林　四％の自己資本比率規制に対して、現状では各行とも六～七％は維持しています。こうした状況で金利が二％上昇した場合、中小の金融機関が破綻するかもしれませんが、それもごく一部のことだと思います。おそらく国債の時価総額が一〇〇兆円下がっても、一〇兆～二〇兆円の公的資金を注入すれば何とかなるのではないでしょうか。

橋爪　値下がりした国債を、政府や日銀が買い取るという方法もありうるのではないでしょうか。

小林　日本には今、そういう制度はありませんが、危機的な状況に陥った時、新たに法律を制定し、値下がりした国債を日銀が高値で買い取るという策はありえます。実際、FRBは、リーマン・ショックの直後、民間銀行が保有している証券を、マーケットでの価格よりもだいぶ高値で買い取るというオペレーションを慌てて行なっています。

橋爪　じゃ、先例がある。

小林　はい。そういう先例がありますから、日本でも国債が値下がりし出したら、そういうオペレーションが行なわれる可能性はあります。

橋爪　銀行からすれば、国債なんかを保有していたから、こんなことになったと言うでしょうね。その元凶である国債を全部、政府が元値で買い取ってくれ。そうすればわれわれは、立ち直れる。きっと、そう思うでしょうね。

クライシス到来のポイント

1　危機の第一段階は、日本の経常収支が大幅な赤字を記録→格付け機関が日本国債を格下げ→外国人投資家が日本国債を次々と売却→日本国債の金利が上昇、というかたちで始まる可能性がある。

2　国債の金利上昇が始まった場合、日銀はそれを防ぐべく、国債を買い支える。そうなると貨幣供給量が増加するため、インフレが生じてしまう。

3　アベノミクスにより、二％のインフレが実現した場合、それと並行して強力な財政再建が実行されない限り、「出口」はない。

4　国債価格が下落すると、金融機関は貸し剝がしに走る可能性がある。国債価格が下落すれば金利が上昇するため、資金繰りが必要な中小企業や変動金利型ローンを組んでいる個人は苦境に陥らざるをえない。

5　国債の金利が二％まで上昇すれば、民間金融機関などには一〇〇兆円近い損失が生まれると見込まれる。

2 ハイパーインフレ、始まる

scene2

トーストをほおばり、ブラックコーヒーの代わりにほうじ茶を啜りながら、今仁求留造（45）は今日もテレビニュースに目をやった。最近は、暗いニュースに、慣れっこになっている。

……週明けの東京証券取引所は、また年初来の安値を更新しました。機関投資家の売り注文が入り、建設株、銀行、サーヴィス、電機、自動車、運輸など、銘柄株を中心に軒並み値を下げています。……

株価は急に下がり出し、このところ下げ足を速めている。

銀行発の金融不安が引き金になり、企業の資金繰りが苦しくなった。倒産件数が増え、配当も圧縮するか、無配になるところが多くなった。そのため、総じて株安になった。そこで今度は、保険会社の財務内容が悪化した。保険会社は、債券のほかに、株式も大量に保有していて、時価会計で財務評価をするからである。保険会社は、これ以上の損失を避けるため、株券や債券やを売りに出すほかなく、これがさらに株安をうむ、という雪だるま現象が生じたのである。

株安、債券安、円安、のトリプル安である。

日本経済の見通しは、悲観一色になった。

誰もが、こんなことは初めてだと言う。

桜の咲く季節を過ぎても、今年は肌寒い。就職内定の取り消しが相次いだが、ニュースにもならない。就職予定の会社が倒産を免れていれば、まだよいほうだからだ。

近所のスーパーからコメが消えた。今仁の妻も、缶詰や小麦粉や、ありたけのものを買い込んでいる。物価はあがるが、サラリーは上がらない。節約するしかない。

今仁は先月、預金を洗いざらい引き出して、香港の銀行のドル建て預金に預け直した。銀行は、似たような客で混み合っていた。プロなのに、自分のことは後回しにしていたのだ。日本中で大規模な資本逃避が始まっている。これがかえって、日本経済の首を絞める結果になるのだが、誰をとがめることもできない、と今仁は思う。経済とは、そういうものなのだ。

＊

首相官邸では、濃尾梨彦首相が、只野矢久人日銀総裁の報告に耳を傾けている。定例となった、緊急経済戦略会議だ。財務省、経済産業省、金融庁、日本銀行、外務省のトップが集まり、情報を交換する。

……このようになって参りますと、円安の行き過ぎを是正する手段もまた、限られて来るわけでございます。円安がまた、輸入価格の上昇をまねいて、国内の物価上昇をひき起こしております。物価上昇は、企業にはプラスになる面もありますが、ここまで上昇が急ですと、国民生活に影響が出てまいるわけでして、……

各省は、予算で動いている。予算は、物価がこれほど急速に上昇することを想定していない。物価が倍になれば、予算が半分になったのと同じである。国民生活に影響が出ているだけではない。政府は機能マヒに陥りつつあるのだ。

只野矢総裁によると、日本からの資本逃避が加速している。国内資産の海外逃避が急速に広まり、一〇〇兆円を上回る規模である。日本円を売り浴びせる、為替投機も起こっている。政府はこれに対抗するため、外貨準備およそ一〇〇兆円を売って円を買い支えたが、もはや資金が枯渇してこれ以上続けられなくなった。

……しかし、なんとしても、最悪の結果を防がねばなりません。日銀は、政府、ならびに金融機関に、必要な資金を提供していく責任があります。年金の支払いも、物価に連動しておりますので、財源が不足してまいります。高齢者の生活安定を考えますと、一刻も猶予はなりません。補正予算の規模がかりに四〇兆円だとしますと、その大部分を国債の増発でまかなうとしまして、……

タイミングが悪かった、と濃尾首相は思う。来週にはワシントンに飛ぶ。日本国債をアメリカに引き受けてもらう、むずかしい交渉が待っている。

＊

経済研究所では、物賀高行と今仁求留造が、今日の午後、日銀の杉田園泰にもっていく政策提案レポートの点検を行なっている。完全なボランティアだが、業務に忙殺されている杉田が助かることを、二人はよくわかっている。

まず、いまの情況判断は？　ずばり、ハイパーインフレーションだ。

高金利を回避し、金融危機を恐れ、国債を日銀が無制限に買い支えた結果、インフレに火がついた。風邪の症状をいじくっているうちに、肺炎になったようなものだ。

では、処方箋は？

政策の優先順位をはっきりさせるべきだ。もっとも恐るべきはインフレ。それには、通貨供給量を抑え込むことだ。そう、今仁は主張する。打つべき手は、財政再建（増税）。景気の悪化や倒産や失業や、を恐れてはならない。財政が健全化し、貨幣価値が安定すれば、それからいろいろ対応策はあるからだ。

物賀は、もっと強硬な手段でないと、インフレは退治できない、と言う。インフレ率を試算してみると、このままでは、年率三〇〇％から一〇〇〇％に達する。家計の預貯金が一〇分の一になるかもしれないのだ。それをいますぐ防ぐには、預金封鎖や新円切り換えが必要だ。

今仁は、苦笑いする。だが物賀は、にこりともしない。

「まるで戦争直後だな。」

＊

「ありがとう、恩に着るよ。」

杉田園泰は、政策提案レポートにざっと目を通すと、嬉しそうにした。

「中東の湾岸諸国に、日本の国債を買ってもらおうとはたらきかけたが、だめだった。アメリカでは、日本の国債を買うことに反対が多い。紙切れになるんじゃないかと。」

日銀の杉田は、財務省についての情報をいろいろ聞き込んでいる。

「円安を放置するなと、海外の風当たりが強い。財政再建の緊急プランをつくれ、二週間以内だ、とアメリカから強く言われた。つくるにはつくったが、国会に出せない。与野党とも、緊急補正予算が先だと言っている。財政再建と補正予算は、中身が正反対だ。そこで、緊急補正予算を超特急で成立させ、そのあと財政再建を審議するのだが、だいぶ横槍が入って、骨抜きになっている。」

物賀は、眉を曇らせた。

「いや、今日もらった提案は、正論だ。必ず役に立つ日がくる。ただな……」

と杉田は声をひそめる。

「財務省の幹部のなかに、インフレは神風だ、と言ってるのが何人か、いる。この調子なら、何もしなくても、国債の発行残高が自動的に圧縮されていく。増税しなくても借金が返せるなんて、こんなうまい話はない。せっかくのインフレだから、もう少し様子をみていたらどうか、なんてな。」

「只野矢総裁は、どう思っているんですか。」

と、今仁は聞いた。只野矢総裁は、財務省ＯＢなのだ。

「わからないよ。でも結果から言えば、只野矢総裁の役回りはさしずめ、神風を吹き起こす、風神だな。」

そう答えて、杉田は、政策提言レポートを黒革のカバンにしまった。

＊

結局、翌月に発表された日本政府の緊急財政再建プランは、生ぬるいものだった。それでも、国会の審議は紛糾した。

そのほか政府は、資本逃避を禁止する法案を、国会に緊急提案した。

金利は二％を超えたあたりで、横ばいのままだが、それは日銀が、金融機関の保有する国債を無制限に買い続けているおかげだった。金融機関への公的資金の注入も続いた。緊急補正予算の財源として、国債が増発され、すべて日銀に買い取られた。インフレは目に見えるかたちで進行し、月単位で物価が上昇し始めた。

倒産件数は増加し、失業が増え、自殺も増加した。「人身事故」があまりに多いので、人びとは朝早く家を出るようになった。

物価が高いので、家庭でも、学校でも、企業でも、現金が不足した。そして人びとは、現金を手にすると、すぐにモノを買うようになった。

数十兆円が海外へ

橋爪　後戻りのきかない曲がり角を、もう曲がってしまったのが第二幕だと思います。でも本当の修羅場は、まだこのあとですね。

小林　整理もかねて、ここまでの話を復習します。

国債の金利が二%上昇すると、日銀は国債をどんどん買って、金利が上がるのを抑えにかかる。それが功を奏して、金利の上昇が止まれば、住宅ローンの借り入れ金利に波及することはありません。しかし、デフレ経済からインフレ経済に変わりますので、賃金が確実に上がるかどうかわからない中で、物価が上がっていく。あるいは、上がると予想される状態になる。

橋爪　変動金利型の住宅ローンを利用している人は、固定金利型の住宅ローンへの借り換えに走る。

小林　ええ。

橋爪 そうなると、経済雑誌が「インフレ激化！　あなたも危ない」とか「住宅ローンの借り換えはこうしろ！」といった特集を組むでしょうね。

小林 預金を外貨建てにする動きも活発になるでしょう。海外で土地を買う人も増えるかもしれません。

橋爪 それは、どれくらいの規模になるでしょうか。日本人の総金融資産一六〇〇兆円のうち、個人で動かせる預貯金は二、三百兆円ぐらいでしょうか。

小林 銀行の資産が九〇〇兆円くらいですから、自己資本分を引いて、五〇〇兆円は下らないと思います。

橋爪 五〇〇兆円！　それが動いたら、大変なことになりますね。

小林 日本経済は確実に破綻します。

橋爪 目端の利く人が送金する分だけで、総額一〇〇兆円くらいの円が、あっという間に外貨に化ける可能性があるのではないですか。

小林 **少なく見積もって数十兆円単位のお金が海外に逃避する可能性がある**でしょうね。しかも、それによって、円安がさらに進んでしまう。

橋爪 そうやって海外に逃避した額が、政府の手持ち資金を上回るほど膨れ上がってしまうかもしれない。

小林　それが外貨準備高を上回ってしまうと、大変なことになります。

橋爪　私の友人の副島隆彦氏が『税金官僚から逃がせ隠せ個人資産』（幻冬舎、二〇一三年一〇月刊）という本を出して、これがよく売れています。

小林　現時点でも、危ないと思っている人が少なくないからでしょうね。

橋爪　その本には、一〇〇〇万円を腹巻に入れて海外に持ち出しましょうといった、具体的なやり方が指南してある。

小林　それは違法行為かもしれません。大丈夫なんですか（笑）。

橋爪　でもそう、書いてあるんです（同書一八ページ）。

小林　目端の利く小金持ちの人たちは、すでに資産を外貨建てに替え始めているはずです。おそらく国債が暴落した時のことも、それなりに考えているでしょうから、実際に国債の金利が上がり始めたら、一気にそれが加速するのは間違いありません。

橋爪　まだ火事になっていないものの、あたり一面、枯れ草だらけということですね。

もう一度、復習しておくと、**国債が増発され、それを日銀が買い支えることで、国債の金利上昇は抑えられるかもしれないが、国債の買い取りが無制限に進み、通貨供給量が急増するため、インフレが進む**。政府の緊急対策も功を奏さず、金融危機が深刻化する。破綻しそうな銀行へは公的資金が注入されるだろう。しかし、それにも限度があり、地方銀行や中小企業の破綻が続発。企業マインドも冷え込んでしまって、失業者が増えていく。このように、**通貨の増発→円安の進行→物価の高騰→債券安と株安の同時進行、というかなり厳しい状況**になってくる。この第二幕は、もうその入り口まで来ていますね。

小林 そうですね。ただ、金利が低く抑えられていれば、大手の金融機関が破綻することはまずありませんので、それ以上、状況が悪化することはないかもしれません。

橋爪 金利が低く保たれ、国債の価格が安定していれば、金融危機も、銀行による貸し剥がしも、起こりにくいということですか。

小林 はい。自己資本比率規制が原因の貸し剥がしが生じる可能性はあまり高くないと思うのです。

ハイパーインフレが鎌首をもたげる

橋爪 でも、そのおかげで、インフレが急速に進むわけですよね。そうすると、この先もっとインフレになりそうだという予測が生まれて、人びとの行動が、それを見越したものになっていくと思うんです。

たとえば、一九二三年にドイツで起きたハイパーインフレでは、最初は一見、景気がよくなった。**外国からの観光客も増え、レストランも繁盛した。**

小林 通貨安になりますからね。

橋爪 そして、消費が活発になり、貯蓄が少なくなっていく。

小林 インフレですから、そのまま物価が上昇していけば、財産が目減りしていくので、その前にお金を使ってしまおうという心理が働く。その結果、好況に沸くわけですが、各人の貯蓄は減っていき、他方で物価は上昇していきますから、それぞれの生活水準はどんどん落ちていく。

橋爪 当時ドイツでは、初めのうち、資産家階級を中心に派手な消費が行なわれていたようです。しかも金利が低いので、われ先にとお金を借りまくって、不動産に投資する連中も出てきた。一年かそこらで資産を何倍にも増やす、ニューリッチ層も出現したのです。でもそれは、ババ抜きだった。**インフレのせいで一般人の所得や資産が失われ、それがニューリッチ層に集まっただけ。インフレは、こうした社会的不公正を極端に拡大させます。**

小林 一般に、インフレは債権者（借入よりも資産が多い人）から債務者（資産よりも借入が多い人）への所得移転を引き起こします。ですからインフレになると、年金生活者や高齢者から若者へ、家計から政府や企業へ、の所得移転がどんどん起きることになります。非常にそれは不公正な所得移転であると言わざるをえません。

橋爪 当時の人びとは、いま起こっているのが悪性インフレだ、という認識がなかったらしいんですね。為替相場で外貨に対して、マルクがなぜかどんどん安くなっていき、国内の物価は上がり続ける。とにかくマルクが不足している。じゃあ、というので、足りない貨幣を供給するため、紙幣を印刷しまくった。

小林 それは金利を低く抑えていたからです。本来なら、引き上げなければいけなかった。

橋爪 貨幣を大量に印刷して供給したことが問題の根本だということが、中央銀行の当局者ですら、なかなか理解できなかった。

小林 当時は金本位制の時代でしたから、「一国の財政状況が貨幣価値を決める」という、マクロ経済の仕組みも理解されていなかったのです。

橋爪 なるほど。なにしろ一〇〇年近くも前のことですからね。

小林 はい。その後、だいぶ時間が経ってから、今のような認識が広まりました。

橋爪 当時のドイツの、インフレ率はどれくらいだったのでしょうか。

小林 一〇の一二乗といった、天文学的な水準で物価が上昇しました。その結果、人びとの金融資産は完全に紙切れになってしまった。

橋爪　一〇の一二乗、ですか。一〇の二乗でもすごいのに、気が遠くなります。敗戦直後、日本もインフレに見舞われましたが、その時はどうだったでしょうか。

小林　数十倍にはなっていたはずです。七〇〇〇%ぐらいでしょうか。

橋爪　インフレ率が一〇〇%というのは、物価が二倍になるということですよね。

小林　そうです。

橋爪　とすると、物価が一〇倍になる場合のインフレ率は九〇〇%ですかね。

小林　物価が一〇〇〇%になるわけですから、九〇〇%のインフレ率ですね。

橋爪　なるほど。じゃあ、

M（貨幣供給量）×V（貨幣の流通速度）＝P（物価水準）×T（取引回数）

という、さっきの式で、取引回数Tと貨幣の流通速度Vは一定であると仮定したとして、物価水準Pが一〇〇〇%のとき、貨幣供給量Mはどれくらい増えることになるのでしょうか。

小林　物価水準Pが一〇倍になるわけですから、貨幣供給量Mも一〇倍になります。アベノミクスの例で言うと、Mを二倍にするのがその目標です。しかし、**皆が国債を売るようになり、それを日銀が無制限に買い続けるなら、貨幣供給量は一〇倍くらいになってしまうはずです。**

橋爪　一〇倍！　悪性インフレの場合、貨幣の流通速度Vがものすごく速くなるんですよね。

小林　そこまで行けば、物価はもっと上がる可能性もある。

橋爪　経済活動が停滞し、物不足になれば、さらに物価が上がる。しかも、海外から輸入しようにも、円安が進行しているから、それも難しい……

物価の高騰を止めるにはまず、貨幣の供給量を減らさなければならないわけですが、それには、国債の無制限な買い取りを止めればいいのでしょうか。

小林　そうです。しかし、その途端に、金利が上昇してしまう。

橋爪　金利が一気に上がる。じゃ、金融破綻しかないじゃないですか。

小林　五％ぐらいまで金利が急激に上がり、国債が暴落すれば、自己資本がどんどん減っていきますから、メガバンクですら相当危ない。

橋爪　金利が上がれば、貸出し金利も上がるわけですが、国債の値崩れも起きるわけで、金融破綻は避けられない。いずれ避けられないのなら、いっそのこと、悪性インフレになる前の早い段階で、金融破綻が起きたほうがまだましなのではないですか。

小林　国債が暴落すれば、金融破綻のリスクが高まる。財政再建をしておけば、国債価格が急落することはありませんから、金融破綻もインフレも生じないわけですが、本格的な財政再建に着手しないというのであれば、インフレで日本経済が混乱する前に国債価格が下がったほうがコストが少なくて済むかもしれません。

一人当たり一〇〇〇万円が消える

橋爪 インフレが悪化する前に金融破綻が生じた場合も、金融機関に公的資金を注入しなければならないので、通貨の供給量は増加しますよね。

小林 確実に増えますね。

橋爪 金融破綻／通貨の過剰供給／ハイパーインフレ。この三つは必ず、セットで生じるものでしょうか。どれか一つだけでも起きないようにすることはできませんか。

小林 財政再建をやらずに、ということでしょうか。つまり、増税も社会保障費のカットもせずに、日銀が関与できる範囲で、どれか一つを止めるということですか？

橋爪 はい。

小林 金利を思い切り上げれば、通貨の供給量を減らせますので、ハイパーインフレは止められます。しかし、その途端、金融破綻が起きてしまう。そうすると企業倒産が続発し、ものすごい不況になります。そこではインフレは収まっているものの、失業率が上昇し、企業が潰れていく。物価は安定しますが、大不況に陥ってしまう。

他方で、金融破綻を防ぐことについては、実際にそれが可能かどうか、ちょっと予測がつきません。

橋爪　預金を氷づけにしてしまう手があるのでは。預金封鎖をすれば、取り付け騒ぎも起きません。

小林　預金封鎖は、民主的な議会政治という枠内で実行できるかどうか……。

それとは別に、金利を抑え続けるという手もあります。日銀が貨幣の供給量をどんどん増やしていき、ハイパーインフレが起きてもそれは放っておく。それによって金融破綻を防ぐことができます。ただし、インフレ率は跳ね上がっているはずですから、第一次大戦後のドイツのように、国民経済は混乱の極みに陥ってしまう。

橋爪　ハイパーインフレのもとでは、お金を貸す人がいなくなると思います。貸し手は、損をするのがわかっているわけですから。金利が低く抑えられ、しかもインフレ率が高かったら、お金をただで人にくれてやるみたいなものじゃないですか。

小林　民間の貸し借りでは、本来の金利（実質金利）にインフレ率を上乗せした金利で貸し出しが行なわれるはずです。その一方で、国債の金利だけを下げようとすれば、市場では国債を買う人はいなくなります。民間の金利は高いのに、わざわざ低い金利でお金を貸す（つまり国債を買う）人はいませんからね。そうなると日銀がすべての国債を買わざるをえなくなる。

橋爪　日銀は貨幣を放出して、国債を買い取るので、通貨供給量が増える。するとますますインフレになる。

小林　そうです。発行量一〇〇〇兆円分の国債を、全額、ごく短期間のうちに日銀は買い入れざるをえなくなるかもしれません。

橋爪　現金（日銀券）の流通量がいま、一〇〇兆円でしたっけ。

小林　はい。いまが一〇〇兆円なので、その一〇倍の量が一気に加わるわけです。

橋爪　やっぱり一〇〇〇％のインフレ、ですか。

小林　それが一つの出口ですね。国民生活はひどく逼迫し、困窮する。

橋爪　それって、国民の皆さん、死んでください、と言うようなものです。自殺者が五〇万人くらい出てもおかしくない。

小林　**いま一二〇〇万円の貯金を持っている人は、それが一二〇万円分の価値しかなくなってしまう。**

橋爪　国民一人当たりの平均預貯金の額がおよそ一二〇〇万円ですから、全員から一人一〇〇〇万円ずつ取り上げるのと同じことです。

小林　それによって、国の借金もチャラになるということです。

橋爪　結局のところ、壮大なババ抜きなんです、何度も言ってますけど。ここでは国債がババです。これを持っている人が最後に大コケし、実損を負担することになる。その原資が、国民の預貯金です。国債は安全な資産だと騙されていた国民が、自分の預貯金を丸ごと吐き出して、その穴埋めをしました、ということになる。

小林　財政再建に手をつければ、結局そういうことになってしまう。

橋爪　財政再建をやります、政府は頑張って借金をこれから返していきます、と言っても、その資金は、国民から集めた税金です。国民にしてみると、税金をたっぷり払っても、そこから公共サービスに回されるのはごく一部分です。そうやって債務をちょっとずつなくしていくか、あるいはハイパーインフレで一気に預貯金をはきだしてしまうか、の違いでしかない。

小林　国民一人当たり一〇〇〇万を取り上げるという意味では同じですからね。違いは税金によってそれを行なうのか、あるいはハイパーインフレによってそうなるのか、です。

真面目な生活者ほど大損する

橋爪 でもね、小林先生。よーく考えるとそこには、大きな大きな違いがありますよ。

財政再建なら毎年計画的に、時間をかけて税金を払い続けるので、まだ我慢のしようもある。ハイパーインフレは、**死ぬほどの激痛をともなう。**これが第一の違い。

税なら、その額をいくらにするか、国民は説明を受けるし、自分の意見も言える。これに対してハイパーインフレは、意見も言えないし、そこから逃れる術もない。まったく民主的でない。これが第二の違いです。

第三の違いは、公平であるかどうか。**税金なら、誰がどれくらい負担すべきかを、世代間の公平も含めて、検討することができます。**課税対象も、所得、資産、消費、相続などの、何にどれくらい課税すればいいのか、議論できる。所得税は累進制、など能力に応じて公平に負担する仕組みを考えることもできる。これに対して、**ハイパーインフレは、有無を言わさず、国民から無理やり、資産を奪い取ってしまう。**

小林 これを債権者と債務者の関係で言えば、債権者からお金を取り上げて、そのお金を債務者に与えるのがインフレです。

橋爪 めちゃくちゃに、不公正じゃないですか。だって、四〇〇〇万円の住宅ローンを組んでマンションを買った人は、インフレで、事実上ローンを返さなくていいことになるのにひきかえ、老後に備えてこつこつ四〇〇〇万円の貯金をした人は、それがあっと言う間にゼロになってしまう。

小林 より堅実な生活設計をしていた人に対して、より過酷な仕打ちとなる。借金を重ねてばかりで、先のことをあまり考えずに暮らしていた人に対して優しい政策になってしまうわけです。

橋爪 アリがバカをみて、キリギリスが得をする。そんな政策が、国会で承認されるはずはありません。**地道に四、五十年かけて財政を再建するほうが、誰がどう考えても、ずっと合理的だ。**でも、いくら合理的でも、国民がそんなの嫌だと拒否するのなら、あとはハイパーインフレの道しか残されていないのです。

小林 そこしか出口がないわけですからね。

橋爪 対症療法として、日銀による国債の引き受けとか、政府による金融機関の救済とか、打つ手はいくらもありそうに見えますが、それでも結局、同じ最悪の結果になる。

小林 その通りです。最終的には国民から政府へと資産が移転して、おしまいです。しかしそれでも、時間をかけて財政再建を実現させれば、国民全体にとって公平な仕方で、この問題に対処することができる。ところがそれは、増税という痛みを伴いますので、なかなか実行するのが難しい……。

橋爪　そんなこと言わないで、小林先生、国民にちゃんと説明しましょうよ。**増税が嫌なら、ハイパーインフレしかないんだと**。

でもそもそも、日銀が国債を買い支えることに合理性はあるのでしょうか。結局、何のプラスにもならないような気がしてきました。

小林　何としても金融破綻を防ぐということであれば、国債を買い続けることになる。そうではなく、金融システムが破綻してもいいからインフレを抑えるべきだと考えれば、別の政策アプローチになるわけです。

橋爪　金融破綻はたしかに災難だけれど、ハイパーインフレはもっとひどい災厄だと思います。

小林　たとえハイパーインフレに陥ってしまうとしても、しっかりした内容の財政再建策を打ち出せば早期に事態を収拾できるので、コスト総額は小さくて済むはずです。

橋爪　でも、ハイパーインフレになれば、政府の債務は帳消しになるわけだから、財政再建の必要はなくなるのでは？

小林　第一次大戦後のドイツが経験したハイパーインフレを含め、一九二〇年代には深刻なインフレが幾つか生じています。しかし、いずれの国でも、きちんと課税し、歳出をカットすることで、インフレの進行を止めています。**ハイパーインフレは、財政に対する信用失墜によって生じますから、失われた信頼を取り戻さなくてはなりません。**それによって、ハイパーインフレの進行をうまく止められれば、金融システムが破綻し、企業や銀行が相次いで潰れていく状態よりも、はるかに被害が少なくて済むかもしれません。

しかし、財政再建を実現できなければ、ハイパーインフレは止まるところを知らず、延々と続いていく。ブラジルなどはその好例です。同国では一九七九年から九四年にかけて、間歇《かんけつ》的なハイパーインフレに見舞われていました。ブラジル政府はこの間、何度も財政再建のための改革を試みましたが、公務員の労働組合の反対などにあって頓挫し、政府の財政運営への信頼が完全に失墜しました。その結果、ハイパーインフレが止まらなくなってしまったのです。最後は、一九九四年のレアル・プランという改革でインフレを鎮静化したのですが、これはブラジル通貨を米国ドルに完全に固定するという政策です。つまり、自国の財政も通貨も信用を失ったので、米ドルの信用力に頼ってようやくインフレを抑え込むことができたのです。

こうした状態に陥るのと、ある年に集中して銀行破綻が続発するのと、どちらがマシか、一概には言いにくい。進むも地獄、退くも地獄でしょう。

クライシス到来のポイント

1　国債金利が二%上昇すれば、数十兆円規模のお金が海外へ逃避する可能性がある。

2　一九二三年にドイツで起きたハイパーインフレでは当初、景気が上向いたかに見えたが、最終的には一〇の一二乗まで物価が上昇し、金融資産は紙きれ同然となってしまった。

3　財政再建の場合、長期にわたるものの、政治的プロセスを踏んで納得の上で税金を払い続けるので、我慢のしようがある。これに対してハイパーインフレでは、堅実な生活をしていた人から有無を言わさず財産を取り上げ、刹那的な生活をしていた人に分け与えるという不公正が起きる。また、ハイパーインフレは国民生活や社会関係を根本から破壊する。したがって、長い時間をかけて財政再建を実行したほうが、はるかに合理性が高い。

3 焼け野原

scene3

トーストの代わりに妻が小麦粉でつくったお好み焼き（のようなもの）を口に運び、番茶を啜りながら、今仁求留造（45）はいつものように朝のテレビニュースに目をやった。海外ニュースは、日本の経済危機が憂慮されている、と報じている。

……日本銀行はこれ以上、貨幣供給量を増やさないよう、手持ちの国債を市中消化しようと売りオペをはかっていますが、買い手がなく効果がありません。このため金利が急上昇する気配です。そうなれば、日本のメガバンクが危機に陥ることが懸念されます。金融危機か、通貨危機か、ハイパーインフレか。そのどれか、または全部が、日本経済を襲うのではないか。予断を許さぬ前代未聞の事態に、世界の注目が集まっています。……

食料品を買うのが大変で、服を買うどころでない。どことなくくたびれた服装の通勤の群れに混じって、駅に向かう。六カ月定期が切れて買い直すと、何倍にも値上がりしている。運賃は毎月のように値上がりしている。JR私鉄共通の電子乗車券は、こまめな値上げには便利だ。

＊

突然、預金封鎖が行なわれたのは、翌月のことだ。金曜日の夕方に、銀行とコンビニのATMがすべて使用停止になった。引き出し限度額は、ひとり一〇〇万円になる予定だという。プログラムの書き換えのため一週間かかり、翌々週の月曜日まで払い戻しができない。
預金封鎖は、金融機関の破綻を救うためという。もちろん、インフレ対策でもある。すでにインフレは、一〇〇〇%に達している。金利も上昇して、五%ほどになった。ここまでのインフレになってみると、三%か五%かそこらの消費税の増税に、反対だと騒いでいた議論がばかばかしい。その何十倍、何百倍もの資産を、有無を言わさず根こそぎ奪ってしまうのが、ハイパーインフレなのだ。

スーパーや商店には、食料品を求める行列がめずらしくない。今仁の妻も、行列して、わずかばかりの小麦粉や油を手に入れる。しかも値段は、信じられないほど高い。

物々交換も盛んになった。農家の人びとがジャガイモやさつまいもやトウモロコシを、産直で売りに来るようになった。

＊

首相官邸では、濃尾梨彦首相が、只野矢久人日銀総裁の説明を聞いている。緊急経済戦略会議の席上だ。財務省、経済産業省、金融庁、日本銀行、外務省のトップに加えて、農水省、厚労省も参加するようになった。食糧供給と、生活保護・年金が関係するからである。

……新円は、一〇〇〇円を新一円とします。マイナンバーを用いて交換できる金額に上限を設けるので、貨幣量を確実に、抑えることができます。すなわち、預金封鎖以前に個人や企業が引き出して保有している現金を、確実に捕捉することができるのであります。さらに、新一円を一米ドルとする固定相場制とし、新円に対する信任を確保します。このため、IMFから一〇〇〇億ドルを借り入れる予定で、目下、詳細を調整中であります。以上のような措置により、はからずもわが国を見舞った悪性のインフレを、克服できる見込みであります。以上のような緊急措置を、国民に受け入れやすいものとするため、新円切り替えをデノミの一種だとPRしてまいる予定で、……

只野矢総裁の、ななめ後ろに陪席している杉田園泰は、これがせめてあと数カ月早ければ、と悔やまれてならない。物賀と今仁のふたりが起草した政策提言レポートをもとに、二人と議論を繰り返し、成案に練り上げて、只野矢総裁にブリーフィングした。杉田のIMF人脈も、サポートに動いてくれた。しかし政策委員会の議論が長かった。官邸への根回しにも苦労した。

報告を聞き終わった濃尾首相が、発言した。

「よろしい。ことがらの性質上、この件は内密を要する。またあまり時間もない。わが国としては、この緊急事態に、IMFが支援の手を差し伸べてくれる機会を、逃してはならないと思うがどうか。」

大臣たちには、事前に言い含めてあるとみえて、みな黙っている。日本の会議では、反対がなければ合意されたとみなすのが、ルールだ。

「それでは、只野矢総裁の報告の通りに進めることとする。与党の幹部には、私から話しておく。」

＊

物賀高行は、今仁求留造と協力して、新しい政策提言レポートをまとめた。それを携え、二人は、日銀の杉田園泰のもとを、訪れている。

ＩＭＦは、一〇〇〇億ドルの緊急融資の条件として、財政再建の約束を求めている。これまでになく厳しいものになるはずだ。杉田はそれを見越して、物賀と今仁の二人に、一週間で立案を依頼したのである。

「ご苦労さん。」

と、杉田は二人を見るなり、ねぎらいの言葉をかけた。

物賀が、レポートのページを繰りながら、説明する。

「ＩＭＦの融資条件は、条約に等しい。財政再建を求めるとは、予算権を制約するのと同じです。日本の主権が制約される、ということです。だから以下の政策は、国内の合意より先に、ＩＭＦに対する約束である。いったん約束したうえは、これを実行することが、日本国政府と国民の義務になります。

第一に、年金制度は停止する。代わりに、生活手当てを支給します。支給水準は、おおよそ生活保護に近い額となる。あわせて食糧を、配給制にする。

第二に、消費税を三五％にする。地方交付税を廃止する。公務員を半減する。

第三に、医療保険を選択的給付にする。マイナンバー制度で資産状況を把握し、負担能力のある国民は、三割、五割、七割負担とします。

第四に、新しい年金制度をスタートし、若年世代は積み立て方式とします。年金を停止し、医療保険を選択的給付にすることで、国の負担を半減できます。国債費もインフレのおかげで、負担がほとんどなくなる。消費税を増税すれば、財政均衡を実現できるうえに、選択的福祉を行なうこともできます。」

物賀は、試算例を示し、財政が均衡しうることを示した。

試算例をみると、公共事業や農業関係の予算は、ほとんど計上されていない。骨格予算よりも厳しい、骸骨予算だ。

うむ、と杉田は試算例に真剣な目をこらしている。

新円切り替えと社会保障制度のリセット

橋爪　scene3は、ハイパーインフレが始まってからしばらく時間が経過し、日本経済が焼け野原になっている状況を描いています。

ハイパーインフレで、貨幣価値は一〇分の一まで下落。事態を改善すべく、通貨の供給量を減らさなくてはなりません。この場合、どのような手立てがありますか。

小林 **預金封鎖**でしょうね。政治的に実現できる可能性は低いですが。

橋爪 かつてドイツは、預金封鎖を行なわず、代わりにレンテンマルクという通貨を新たに発行した。

小林 そうです。なぜかそれで、ハイパーインフレがピタッと止まった。「レンテンマルクの奇跡」と呼ばれていますね。

橋爪 この新通貨を行き渡らせるために、どのようなことをしたのでしょうか。旧通貨とただ無条件に交換したはずはないですよね。

小林 そのはずです。背景には財政再建が進んだことがあるのですが、レンテンマルクでインフレが止まった直接の理由は今でも謎です。

橋爪 一人いくらまでという縛りをかけたのでしょうか。考えてみれば、預金封鎖をしても、現金を手元に持っている人が相当いたら、あまり意味がありません。**新円の発行**なら、手持ちの現金にも制限をかけるという効果が期待できます。

小林 貨幣量を減らすには、そうした手しかないかもしれません。そういう規制がかかる前に資産を海外へ逃避させた人は、莫大な利益を手にしているでしょうね。

橋爪　それは、仕方ありませんねえ。

小林　ええ。そして、それが出来なかった普通の人たちが、甚大な被害を受ける。

橋爪　とりわけ年金をあてにしていた人たちが、ひどい目に遭う。

小林　ハイパーインフレになったとき、年金制度をどう再設計するかという大問題があります。ハイパーインフレによる物価上昇分を上乗せして支給することになると……。

橋爪　それはありえないでしょう。

小林　ハイパーインフレが止まらなくなってしまう。

橋爪　**ハイパーインフレは緊急事態ですから、社会保障制度もリセットしなければならない。**年金の代わりに、たとえば初年度は一人あたり一万円の新円（一万ドルに相当）を支給し、翌年度は一・二万円の新円を支給する。こんなふうに毎年、支給する金額をきめることにし、これまでの年金制度を廃止する、とか。

生活必需品も、配給切符を発行して各人に配り、それと引き換えに現物を渡すようにする。そうすれば生活必需品も、インフレの影響から逃れられる。ただ、生活必需品はいろいろあるので、切符を管理するだけでも大変です。

小林　配給制はヤミ経済を拡大させるというように副作用があまりにも大きい。私は、市場経済の仕組みをあまり崩さないほうがよいのではないかと思います。また新円に切り替えるに際して、旧円との交換レートをどう設定するかという問題があります。

橋爪 旧一〇〇〇円が新一円、ではどうでしょう。

小林 ブラジルやアルゼンチンは、インフレを止める目的で、新通貨をドルに連動させています。為替レートをドルに固定させるわけです。新通貨は、ドルと一対一で交換できるのでインフレ率はアメリカと同じになる。こうしてハイパーインフレを止められるのです。

橋爪 それは名案です。すると、新円はいつでも、ドルと交換できなければいけませんね。

小林 そうです。しかし、そのためには十分な量の外貨準備としてドルを保有していなければならない。日本のような経済規模の大きい国でそれを実現させるのは大変です。

橋爪 政府が信用されないと、新円を手にした人は、すぐドルに替えてしまいます。

小林 そこは政府が信用されるよう、頑張らないといけない。しかし、円ドルを固定制にするのは、実際には非常に困難ですね。

ＩＭＦ管理で鎮静化？

橋爪 新円を発行するなら、その発行管理権は日本政府に与えず、たとえばＩＭＦ（国際通貨基金）が持つべきではないでしょうか。さんざん紙幣を印刷しまくったからこうなったわけで、新円でも同じことをやれば、元の木阿弥です。

小林　ＩＭＦから外貨を借りて、初年度はそれを使うという手もあります。ＩＭＦの予算は四〇〇〇億ドル（約四〇兆円）なので、最大限の数字をいえば、四〇兆円を借りるということでしょうか……。

橋爪　四〇兆円というと、国民一人当たり三〇万円ほどです。当座はしのげる。

小林　しかし、日本経済の規模は大きいので、もしもマーケットから円を売り浴びせられたら、ＩＭＦの全予算四〇〇〇億ドルをすべて使っても足りないでしょう。通常の通貨危機とは異なり、ＩＭＦが出てきても事態を鎮静化できない可能性もあります。

ただし、ＩＭＦが融資可能な総額は約一〇〇兆円という説もあります（二〇一四年七月三〇日付日本経済新聞「やさしい経済学」佐藤主光・一橋大学教授による）。一〇〇兆円あれば通貨危機は収まるかもしれません。ここでは、ＩＭＦ管理になり、また、マーケットからの攻撃も収まったという前提で、新円を発行するシナリオを考えましょう。

ＩＭＦにオーソライズしてもらった上で、新円を発行し、流通させる。必要があれば、信用の裏づけとなるドルを、ＩＭＦ経由で貸してもらう。

橋爪　諸外国はそれをどう見るでしょう。

小林　許容せざるをえないでしょう。

　日本政府がＩＭＦから借り入れる額を一〇〇〇億ドルなら一〇〇〇億ドルと決め、その限度額まではいつでも貸してもらえるという了解を取り付けることで通貨価値を安定させ、その上で新円を発行する。と同時に財政再建策を打ち出す。そうでないと、新円に切り替えても信用されません。

橋爪　具体的には、向こう五年間の中期予算計画、みたいなものを立てて、ＩＭＦに提出し、了承を得なければならないのではないですか。

小林　予算だけでなく、増税策も含む詳細な財政再建計画を立てなければなりません。

橋爪　年金についても、中堅所得者以上はカットするとか、支給額も、これまでの三〇％程度に抑えるとかいった改革が必要ではないですか。

小林　本来なら、資産制限をするべきなんです。高齢者の中には、収入がなくても何億円もの資産を持っている人がいます。そういう人には「年金はあげません」と言うべきです。医療においても、高齢富裕層の窓口負担はたとえば五〇％にして、きちんと医療費を払ってもらう。と同時に、資産も所得も少ない高齢者に対しては十分な手当てをするといった改革が必要です。

橋爪　**選択的福祉と選択的年金の導入**ですね。それによって歳出も圧縮できる。ただそれでも、必要な歳出カットの半分ぐらいにしかならないのではないでしょうか。

小林 そうでしょうね。

橋爪 地方交付税も廃止すべきでしょう。となると、地方自治体の公共事業がすべてストップしてしまう。

小林 ただ、道路の整備や生活保護費の給付など、削れないものもあります。そうすると、絞りに絞っても、歳出は半分くらいまででしょうか。

橋爪 問題は歳入をどう確保するかです。最初の数年は、税収もさほど見込めません。

小林 国債がデフォルトしていなければ、一〇〇〇兆円分あった発行残高は、ハイパーインフレが終息した時点で、一〇分の一の一〇〇兆円くらいに圧縮されているはずです。そうなれば、財政は非常に楽です。

橋爪 そこから毎年二兆円ずつ返していけば、五〇年で完済できる。これなら皆、納得するでしょう。

小林 それなら国債の利払い費も圧倒的に小さくなります。

橋爪 消費税率はやはり、三五%まで引き上げるべきですよね。

小林 しかし、国債の価値はハイパーインフレで一〇分の一まで縮小していますから、消費税率を三五%まで上げなくてもいいのではないですか。政府の債務残高が一〇〇兆円なら、現行の一〇％で十分だと思います。

橋爪　でも三五％にすれば、その分を福祉に回せます。もう昔のような年金はもらえませんから、低所得高齢者は塗炭の苦しみを味わうことになる。そうした人たちを支援するためにも、さらなる税収が必要です。これは、**高齢者がたとえば五〇万人自殺するか病死するかしても消費税は一〇％のままにしておくか、それとも、税率を三五％にまで引き上げて高齢者を支援するか、という問題**なのです。

小林　そういう意味では後者でしょう。

橋爪　国債を償還しつつ、高齢者を支援し、財政赤字を解消する。しかし、この時点で日本人の所得は、現在の一〇分の一ぐらいになっているかもしれない。

小林　インフレにつられて賃金も多少は上がっていると思います。その分を考慮に入れなければ通貨価値が現在の一〇分の一になると、そういうことになりますね。

橋爪　そうすると、海外から輸入しなければならない石油や天然ガスがとても高くなっている。

下り坂のあとは上り坂

小林　他方で、**賃金が一〇分の一に下落することで、人件費の安い中国と張り合える状態になっています。**

橋爪　そうなんです！　生産設備は無傷で残っていますし、技術力も高い。コストがかかるのは原材料費だけで、それをうまく加工して輸出すれば、かなりの競争力となるはずです。昭和三〇年代の再来と言っていいでしょう。もちろん、当時よりも高齢者が圧倒的に増えていますが、その頃とは比べものにならないほど質の高い技術力がある。

小林　介護用ロボットなど、高齢者向け商品の技術開発力が今は非常に強い。中小企業や大学が必死になって取り組んでいます。ですから、近い将来にハイパーインフレが起きたとしても、日本が高齢化していることが逆に有利に働く可能性がある。しかも、人件費が安くなっているので、高い技術力で高齢者向けの商品を開発・製造し、海外に輸出できるようになっている可能性が高い。

橋爪　私もそう思います。

小林　自動車などでは、韓国や中国の企業に敵《かな》わないかもしれませんが、**高齢者向け介護用品といった、新しいニーズをいち早く掘り起こして商品化できれば、日本企業の展望**

もだいぶ拓けてくる。

橋爪 そうなれば、日本に対する投資ブームが起こります。円の価値が下がり切って底を打てば、あとは上がるだけですから、リスクもない。

小林 高度経済成長のフェーズに突入ですね。数年はそうした状況が続くはずです。

橋爪 数年と言わず、一〇年以上かもしれない。

小林 ハイパーインフレが起きている数年間はひどい状態になるわけですが、その後、急速に改善していく。その間に財政構造をきちんと改革し、消費税率は三五％まで引き上げる。それによって、歳入と歳出が均衡するようになれば、思いのほか短期間で、回復できそうですね。

橋爪 ま、でも、あんまりそれを強調すると、「このまま放っておけばいいんだ」という財務省の路線みたいになってしまう。

小林 財務省は本当は「放っておきたくない」路線のはずなんですが……。

橋爪 財政再建をあきらめる（真剣にやらない）のは、なんと言い逃れようと、「放っておけ」ということです。この路線を取るかぎり、遅かれ早かれ、ハイパーインフレになってしまう。

小林 ハイパーインフレが終息すれば、やがて景気も回復するわけですが、**ハイパーイン**

フレによって財産を失ってしまった人、特に高齢者の方々は、失った財産を取り戻すことができない。ひどい話です。

小林 およそ三〇〇〇万人ぐらいの人びとは、そうなるでしょう。

橋爪 高齢者に対する福祉は、相当手厚くしなければなりませんね。

小林 はい。**だからこそ、消費税三五%**なんです。

橋爪 この本を高齢者の方々が真剣に読んでくれたら、そして結束したら、相当な政治的パワーになると思う。小金持ちの人は、副島隆彦さんの本を読んで自己防衛すればいい。けれど、そこまでの資産を持っていなくて、年金が頼りという人は、この本を読まないでどうしますか！

小林 このまま財政を放置しておくと、それこそ年金ゼロになってしまう。

橋爪 財政再建のためには、いまの年金制度をリセットしなければなりませんが、その場合、税収の範囲で当面、やり繰りすることになるのでしょうか。年金積立金も、あらかた失われてしまうわけですから。

小林 現時点で積立金は一二〇兆円ほどですから、その実質価値は一〇兆円ぐらいに減ってしまう。微々たる額です。そうなるともう、税収から補塡するしかありません。

橋爪 これまでの年金制度の枠組が中途半端に残ってしまうと、かえって厄介です。いちから作り直したほうがいいと思います。たとえば、若い人たちについては積み立て方式にする。高齢者に対する年金支給額は、今年は新円で一万円（一万ドル相当）、来年は一・二万円（一・二万ドル相当）といったかたちで、毎年、税収の中から決めていく。年金支給は永続的な権利にはせず、受給資格には資産制限もつける。

小林　それはいいアイディアかもしれません。

現行の年金制度は物価スライド方式といって、インフレによる物価上昇に合わせて年金給付額も上がるようになっています（※20）。このため、ハイパーインフレになった時、年金支給額も増えていくので、政府が抱える年金債務も増えていく。これをどうするかという問題があります。

橋爪　その意味でも、**これまでの賦課方式はやめて、積み立て方式に転換しなければならない。**

小林　しかしそれには国会の承認を得なければならない。しかも、その時の政権がそういう意思決定をしなければなりません。

20　ただし、年金給付の増加率は物価上昇率よりも低くなる設計になっている。このため、年金給付の実質的な価値は、ハイパーインフレが進むと低下していく。

橋爪　ほかに手はない。やるっきゃない。なんならＩＭＦに、「積み立て方式に転換しなさい」と言ってもらえばいい。

何も初めてのことじゃありません。敗戦直後の日本政府が、新円切り替えと預金封鎖を実行できたのは、連合軍最高司令官がいたからです。占領下の日本国は、それに従わざるをえなかった。それと同じ理屈です。

小林　そうなんです。ＩＭＦからお金を借りるときは必ず、「構造改革をこうやります」という計画書を提出しなければなりません。たとえ主権国家であろうと、ＩＭＦからお金を借りるときには、ある程度言うことを聞かなければならない。

橋爪　主権国家は、自国の憲法で、自分を縛っている。でも、条約は別です。条約は、その国の人びと全員を縛るもので、自国の都合で条約を変更したりできません。ＩＭＦからお金を借りるときには、条約を結ぶようなものと理解できる。主権国家であろうと、条約には拘束されます。その条約が予算権や通貨発行権を制約しても、やむをえない。

小林　一九九七年に経済危機に見舞われた韓国は、一時、ＩＭＦの管理下に置かれましたが、その時、そうした経験をしています。

橋爪　日本人も、国際公約によって、予算に制約が課せられるという理屈を納得し、頑張って税金を納めていこう、という意識を持たなければ。

小林 理屈は理解できなくても、そうならざるをえない……。

橋爪 理屈を理解して、主体的に納税したほうが気持ちがいい。元気も出る。

小林 国を再建しなければいけないわけですからね。

橋爪 そこで政府は、「国際社会に対する公約を守りましょう」と、国民を説得しなければならない。

小林 ただ、韓国の例を見ると、ＩＭＦに対する恨みが相当残っているようです。

橋爪 借りたお金をきっちり返しさえすれば、いくら恨んでもかまわない。

小林 なかなか納得し難い面があるのかもしれません。

橋爪 助けてもらったのになあ。

小林 ＩＭＦ不況だと言って、韓国人は相当恨んでいます。韓国社会は今も若者の失業率がかなり高くて、その原因はＩＭＦにあると言って怒っている。もし日本がＩＭＦの管理下に入ったら、韓国と同様、相当過酷な改革プランを突き付けられるのでしょうね。

ギリシャは今、年金をカットしようとしていますが、政治的な反発がものすごい。日本がもしＩＭＦから「年金を廃止しろ」と言われたら、同じような反発が起きるでしょう。もともと危機の前から、ギリシャでは、現役世代の年収よりも、年金をもらっている人のほうが年収が多いという、とんでもないことが生じていた。だからこそ、年金額を減らそうとしているのですが、なかなかうまくいかない。

橋爪　そんな国は、軍事占領されても文句は言えないんじゃないか（笑）。

小林　確かにそうかもしれません（笑）。もちろんギリシャも主権国家ですが、任せきりでは事態がなかなか改善しない。しかし、人ごとではありません。日本でもきっと、同じようなことが起こるでしょう。預金封鎖、新円切り替え、年金大改革……、このあたりは胸突き八丁で本当に大変なことになる。

人命が第一

橋爪　このような緊急時には、政策の優先順位をきちんと示すことが大事です。**まず第一に、人命尊重**。何しろ、精神的なストレスが相当なものになる。今でも自殺者が年間、三万人ほどもいるわけですが、それが一〇万人になってもおかしくない。そのほか、栄養失調に陥るとか、医者にかかりたくても医療費が払えず命を落とすとかいった、平時には考えられないようなトラブルが続出する。それを最小限にとどめることが、最優先です。

第二に、電気やガス、水道、公共交通機関といった、ライフラインを確保しなければなりません。そのための予算は、たとえ財政が破綻していても、きちんと計上しなければならない。**食糧の確保も必須**です。

小林 通貨価値が一〇分の一になると、値段が一〇倍に跳ね上がりますから、食糧危機に陥る可能性がある。何しろ、いま一〇〇〇円の食べ物が一万円になってしまいますから。

橋爪 もっとも大切なのが食糧の確保です。食糧以外なら、なんとか国内で生産できますが、食糧は絶対的に不足します。

小林 通貨価値が一〇分の一になってしまうと、石油や石炭などのエネルギー、そして食糧を輸入して手に入れるのは非常に難しくなります。

橋爪 **政府がバウチャー（食糧切符）を発行するといい**。お金を配ってしまうと、そのお金で酒を飲んだりギャンブルしたりする不届き者が出てくる。

小林 バウチャーを配るには、それなりに財源が必要ですね。

橋爪 だから消費税、三五％なんです。

小林 とすると、消費税率三五％の税収で、基本的なライフラインを何とか整備し、貧困者の食糧はバウチャー制度を通じて何とかまかなうということですね。そして、中流以上の人は、それまで一〇〇〇円で済んでいた食費が一万円になったと思って我慢してくれということになる。

橋爪　自力で生きていける人には、何とかしてもらうしかありません。景気が回復しさえすれば、現役世代は働けるわけで、少しの辛抱です。

小林　そうですね、**高齢者や乳幼児の健康維持が第一で、貧困層の食糧はバウチャー制度で何とかする。**

橋爪　あとは医療ですね。ハイパーインフレで年金制度が破綻するのは仕方ないとして、医療保険はどうなりますか。

小林　インフレによる物価上昇に合わせて保険料を引き上げていけば、破綻することはありません。しかし医療にも、一般会計から相当お金が出ていますので、ハイパーインフレになってからも、政府がそれを負担できるかが問題です。

橋爪　本人負担を増やせば、政府の負担は減ります。

小林　この段階で本人負担を増やすのは、かなり厳しいでしょう。そうなると、どうしても財政規模を拡大せざるをえなくなる。しかし医療は命に関わることですから、躊躇してはいられません。そこで、先ほども話題になった、選択的福祉の原則に立って、高齢富裕層には三〇〜五〇%の窓口負担をしてもらい、現役世代にしても、資産・所得に応じて負担してもらう。そうした改革が必要です。

橋爪　賛成です。

リバースモーゲージ

橋爪　政府負担を減らすと、資産はあっても所得のない人（高齢者が多い）がとても困ってしまう。そこで、日本もアメリカのように、リバースモーゲージをどしどし導入するといいのではないでしょうか。これは、自宅を持っているものの、現金収入の少ない高齢者が、自宅を担保に、年金みたいな給付が受けられる仕組みです。

小林　その代わり、その人が亡くなれば、土地と家は競売にかけられる。

橋爪　死んだら家も土地も必要がありませんから、それでいいのです。ま、子どもは親の財産を相続できなくなりますが、中高年者には耳寄りな話ではないでしょうか。政府にとっても、相続税を徴収するよりも、リバースモーゲージでまるごと取ってしまうほうが、ずっと合理的です。年金費用を大幅に節約できるわけですからね。

小林　そうですね。これからインフレの時代になれば、インフレに連動して土地の値段も上がっていきますから、リバースモーゲージも現実味を増していく。

橋爪　どん底まで行ったとしても、そこから経済成長が始まれば大丈夫です。特に都市部でなら、十分、利益も出るはずです。リバースモーゲージが進めば、年金の財源が少なくてすむし、不動産の供給も増えて家賃が下がる。生活費が安くなって、現役世代の勤労者にも恩恵が及ぶ。

改革は痛みをともなう

小林　地方をどうするかは大問題です。日本は二〇〇五年に、人口の自然減を初めて経験しましたが、人口が増え続けていた時代には「国土の均衡ある発展」が国是となっていた。どの県にも空港や高速道路があることが目指されていたわけです。

しかし、日本は既に人口減少社会になっていますし、今後、財政が破綻するようなことにでもなれば、道路などインフラを整備する余裕は全くなくなる。そうなったら、**地方の住宅地は自然に還《かえ》すか農地にし、人が暮らす場は都市部に集約するようにする他ありません。そのようにして、国全体の政策を変えていく**必要がある。

橋爪　その通りです。

小林　それによって地方交付税も減らせます。しかも、住宅地を農地に転換することで、農作物を安く作れるようになる。おそらくこの段階では円の価値が下落していて、海外から輸入した農作物の価格が上がっているので、消費者からも歓迎されるはずです。

橋爪　コメ以外の農作物が、価格競争力を持つわけですね。これなら、新規就農者が増えるかもしれません。

小林 そうですね。合わせて規制緩和も行なって、株式会社でも農業ができるようにし、大規模農業が発展できるようにするといい。それによって農業も、本当の意味での成長産業に位置づけられるわけです。もちろん、最初の数年は非常に苦しいはずですが、各分野において改革が進むのは間違いありません。食糧自給率も上がるはずです。

ところで公務員の数はどうなりますか。

橋爪 ばっさり半分、でしょうね。

小林 半分ですか。学校の先生はどうなりますか。

橋爪 現場で働いている人びとはそのままでいいけれど、管理部門はいらない。たとえば、文部科学省は不要です。霞が関の役所の、大部分はなくても困らないと思う。

小林 相当ラディカルに地方分権化するということでしょうか。諸機能を都市部に集約させていく上で、地方分権化が適しているのか、中央集権化が適しているのか、かなり迷います。

橋爪 財政難にあえぐ自治体に住めば、損するわけです。すると、財政構造がしっかりしている自治体に住もうとするから、おのずと人口は都市部に集中します。

小林 そうすると地域間格差が開いていくわけですが、そこは認めざるをえない……。

橋爪　国全体としてはずいぶんスリムになります。もちろん、地方に住む自由はあります。

小林　都市部に比べて公共サービスについては質、量ともに劣ってしまう。

橋爪　その代わり、地価は安いはずですから、コストをかけずに家を建てられる。あとは自己責任で、なるべく病気にならないようにする。都市生活者のセカンドハウス需要も高まるはずです。

クライシス到来のポイント

1　ハイパーインフレに見舞われた場合、政策の優先順位としては第一に人命の尊重、第二に電気、水道、ガスといったライフライン、および食糧の確保である。その場合、IMF（国際通貨基金）管理下で新円を発行し、予算策定をせざるをえなくなる可能性がある。

2　政府の歳出（支出）を圧縮するため、医療保険においては富裕層の負担を増やすと同時に、低所得者層への必要十分な手当てを確保し、年金においては富裕層の支給額をカットするなど、選択的な制度を導入しなければならない。年金制度は賦課方式から積み立て方式へと転換する必要がある。

3 ハイパーインフレで高齢者の資産が失われるので、五〇万人規模の自殺者が出るかもしれない。それでも消費税を一〇%のままにするか、それとも消費税率を三五%まで引き上げて高齢者の貧困層を救済するか、という選択に迫られる。

4 ハイパーインフレになると賃金がドルベースで何分の一かになるので、日本の輸出産業は中国や韓国に対抗できるようになる。高齢者介護用ロボットなどの新しいニーズをいち早く掘り起こして商品化できれば、日本企業は復活できる。

4 死屍累々

scene4

新円切り換えを境に、ハイパーインフレは収まった。

政府の歳出削減、消費税三五%への増税は、年度途中で即実行された。ＩＭＦとの約束が錦の御旗となって、与野党とも抵抗のすべがなかった。

濃尾梨彦首相は、辞職した。病気が理由だが、これまでの経済運営の責任をとったかたちだ。

円安が定着し、日本人の一人当たり所得は、インフレ前の四分の一になった。資源や食糧の輸入価格が高騰し、消費が抑制されたが、日本の農業は競争力を取り戻した。

日本投資ブームが起こった。遊休資本や質の高い労働力が、安価に調達できて、起業に最適の環境となったためである。どん底の数年を経たあと、新産業を中心に、経済成長が始まる。主役は、アメリカや中国の外資系企業だ。

地方自治体の格差が拡がった。東京や大阪をはじめ、大都市圏への人口集中がいっそう進んだ。株式会社の農業への参入が進み、個人経営の農家は大部分が姿を消した。

*

あのハイパーインフレの日々は、何だったのだろうと、今仁求留造は考える。そして、IMFに言われるまで、財政再建ができなかった日本の政治は、果たして政治なのだろうかと思う。

日本人は、汗の結晶である一六〇〇兆円の預貯金を、ほとんどすべて失った。国債は紙切れ同然になった。とりわけ年長世代は、ひどい目にあった。こういう結果になることがわかっていれば、ハイパーインフレになる前に、正しく行動できただろうか。自主的に財政を再建できたのか。答えは出ない、と今仁は思うのである。

ハイパーインフレという名のドロボウ

橋爪　こういうシナリオの経済破綻の、何が問題なのか。

私の考えでは何より、国が、国民の財産権を保証できなかった点にあると思います。国が国民に対して、ドロボウを働いたのと同じです。

小林　国は建前上、財産権を保証しているわけですが、インフレはそれを強奪してしまう。しかも、その原因は、しかるべき手を打たずにいた政府の不作為にある。

橋爪　政府・日銀だけが貨幣を発行できるわけです。その権限によって、ハイパーインフレが引き起こされたのです。

小林　さらに遡れば、年金をはじめとする社会保障費を大盤振る舞いしてしまったことにその原因がある。

橋爪　政府が社会福祉や公共サービスをしっかりやるため、財政支出を増やすなら、税収を増やすなどして、財源を確保しなければならない。

小林　おっしゃる通りです。いま、ハイパーインフレが起きるとすれば、政府が手厚い社会保障政策を行なっているにもかかわらず、それに見合った税制を構築せず、代わりに国債を発行したり、国債を償還するために紙幣を印刷したりしているからです。それが間違いないんです。

橋爪　**適切な税制を構築せず、国民に説明もしてこなかった政府の責任です。言葉を換えれば政府は、憲法が保証している国民の財産権を侵しているわけです。**もちろん、そうした状態を放置してきた国民にも責任はあります。でもそれは、ドロボウを警戒しなかった被害者が悪いという議論で、ドロボウの責任を減ずるものではありません。

小林　他方で、政府の借金の「返済原資は国民から徴収した税金である」ということは周知の事実なので、国民が背負った借金なんです。政府というものは、主権者たる国民のエージェントに過ぎません。

橋爪　理屈はわかりますが、政府になぜお金を貸したかというと、将来、これだけの利息をつけて返しますという約束を、政府がしたからです。政府は、返さないとはもちろん言っていませんが、ハイパーインフレになってしまえば、額面通り返しても、返さないのと同じことになる。

小林　**本来なら政府は増税または歳出削減をして返すべきです。**「これくらいの増税（または歳出削減）をすれば、この金利で返せます」と言うべきなのに、増税や歳出削減について言葉を濁している。

橋爪　政府が国債を買い支えようとどんどん紙幣を印刷し、それが原因でハイパーインフレになって、「これで借金は返したからね」と言われても、国民は「そんなの聞いてない」となるでしょう。ただの紙切れをもらったのと同じです。これは、罪深いことではないでしょうか。

小林　その通りです。と同時に、政府の借金がどれくらいかは、秘密でも何でもなく、調べればすぐにわかることです。にもかかわらず、**こうした状態を是正するよう求めてこなかった国民にも応分の責任がある。**

橋爪　国民を四人家族と考えてみます。

家族は、政府という五人目の人を雇って、仕事をしてもらうことにしたとします。そのための給料も払っている。そのうち、「やるべき仕事が増えました、もっとお金が必要です、給料とは別に、お金を貸してください」と言い出したので、お金を貸した。たしかに政府は、門番をしたり、庭の手入れをしたりと、仕事の手を拡げて、役に立っているかもしれない。でも貸した金額は積もり積もって、家族の生活費の二年分にもなった。さすがに心配になって、いつ返してくれるのかとせっついたら、「ちょっと待って、いまからお金を印刷しますから」。これは、借金を踏み倒すという意味でしょう。問題だと思いませんか。

小林　問題ですね。しかし別のたとえ話で考えるとどうでしょうか。四人家族（国民）がドライブに行くので、運転手（政府）を雇います。この運転手は明らかに酔っ払っていて無謀なスピードを出して長時間運転し、案の定、自損事故を起こして、四人家族はみんな怪我をします。この運転手が一番悪いに決まっていますが、同乗者の責任も問われるべきです（いまの道路交通法で、酒酔い運転の同乗者も刑事責任に問われるように）。政府の運転（財政運営）が無謀であることは専門家でなくても、自分の頭で考える気になれば誰でもわかることなので、事故になる前に、政府に無謀運転を止めさせるよう国民がアクションを起こすべきなのです。アメリカの選挙では、有権者は補助金のバラマキよりも財政再建を評価する傾向があり、実際に一九九〇年代には一時的ではありましたが、財政収支が赤字から黒字に転換できた。これは政府の運営をどれほど我がこととして考えることができるか、という有権者の資質の問題なのです。日本の民主主義の質の問題と言ってもいい。

橘　なるほど。

コスト度外視のバラマキ財政

橘　日本政府のやっていることは、合法です。犯罪的ではあっても、犯罪ではありません。犯罪ではないから、その刑事責任を追及することはできない。

でも政治的な責任は、あります。憲法二九条が定めるように、政府は、国民の財産を守る義務がある。それを果たしていません。

小林　おっしゃる通りですね。問題は、こんなにも借金が膨らんでしまい、ハイパーインフレが避け難い状況になってしまったのはなぜか、ということです。財務省の役人は、借金を減らさなければならないと、ずっと考えてきた。にもかかわらず、ひたすら「財源をよこせ」と言ってくる政治家たちを抑えきれなくなって、借金がこれだけ膨らんでしまった。選挙で選ばれた国会議員と、国政選挙で当選を果たし、内閣という行政府にいる大臣と、財務省で働く役人と、これら三者が三つ巴の闘いを繰り広げる中で、財政規模が拡大していき、借金が増えていく。しかも**戦前の日本と同じで、責任の主体がはっきりしていません。**一体、誰を「悪い」と言ったらいいのか……。

橋爪　三人組のドロボウが入ってきた。一人は見張り番、もう一人は実際に盗みを働き、三人目が盗品を持ち逃げしたとしましょう。やがて三人とも捕まった。「あいつが主犯だ」とお互いが主張し、罪をなすりつけようとしても、要するに三人とも犯人で、悪いわけですよ。

小林　三人組の共同正犯というわけですね。

橋爪　税金から給与をもらって生活し、公務を遂行しているんだから、全員責任者です。

小林　**ハイパーインフレによって、憲法が定める財産権が侵され、多くの国民が塗炭の苦しみを味わわねばならなくなった。その責任は政治家と官僚が一体となった共同体にあ**

るということですね。

橋爪　そうです。その人びとがまず、許しがたい。

小林　ただ、その一方で政府は、本来なら実現できなかったはずの手厚い福祉を長年にわたって国民に提供していた。その事実をどう考えればいいでしょうか。もちろん、後になってそのツケを若い世代の国民が支払わされることになってしまうわけですが。

橋爪　代金については説明せず、ぼた餅をみんなに配って、それをみんなで食べてしまったようなものです。

小林　それで言うと、国民にとってハイパーインフレは、ぼた餅の代金を、予告もなく突然、後払いで徴収されてしまった状況ですね。

橋爪　そうです。政府は、しなくてもいいことをしたわけです。

小林　政府がぼた餅を気前よくどんどん配って、国民のほうもそれを食べ尽くしてしまったら、後でドカンと請求書が回ってきて、そんなの聞いてないよという状況……。

橋爪　それと同じことが、レストランで起きたらおかしいでしょう。メニューには必ず値段が書いてあって、だからこそ、安心して注文できる。値段も言われないまま、料理が先にどんどん出て来て、後で請求書、なんて考えられません。

小林　こんなに豪勢な料理（充実した年金と医療）を食べていいのかなと思っていたら、

案の定、後になって、もの凄い請求書が来てしまったという（笑）。しかし、この値段でこんな豪勢な料理が食べられるわけがない、ということを国民はうすうす「知っていた」のに、知らんふりをして食べ続けてきたのですよ。

橋爪 納税額も、議会で決まっているんです。われわれには納税の義務があるから、決められた額の税金を支払っている。「国民に対して、これだけのサービスをします」というのも、議会で決められているわけです。

小林 そこでの決め方がおかしいんです。

橋爪 税収が足りない分は国債で穴埋めし、国債は必ず償還しますと言ってきた。償還されない可能性がまったく考えられていなかった。**こんなドロボウ行為は憲法違反で、許せないと、第一に言うべきです。第二には、その結果、資産の喪失、失業や所得減少、さまざまな生活破壊をひき起こしてしまう、**ということです。こんなことはあってはならないのに、政府のせいで、そうなってしまった。

小林 通貨の価値を安定させるという責任があるのに、それが果たせない。

橋爪 **第三に、これは、弱者の切り捨てです。**政府はこれまで、食事の後におやつも配っていたのに、今度は、食事さえ満足に配れなくなる。財政再建のために、公共サービスを大幅にカットせざるをえなくなり、そのツケを、弱者がかぶるかたちになっている。

この痛みは、回復不可能です。高齢者は、ひどい晩年を過ごして、まもなく死んでしまう。景気がそのうち回復すると言われても、死んでからでは手遅れだ。

三等国へ転落

小林　おっしゃるように、貧困に陥った高齢者には立ち直る余地がありません。

橋爪　資産が全部、吹っ飛んでしまうわけでしょう。しかも、うまく立ち回って得する小金持ちとか、インフレにつけ込んで大儲けする人も、必ず出てきます。社会的不公正が拡大する。でも、そういう**勝ち組はごくひと握りで、大半の人びとは大きな重荷を背負うことになる。理由のない不公正が生じる**わけです。

国際関係も激変するでしょう。**日本の国際的地位が低くなり、円安が進み、輸入品が高くなる。それだけではありません。国民の血と汗の結晶である日本の資産を、外国資本が、安く底値で買えるようになる。**これも一種のドロボウです。と言って悪ければ、ハゲタカです。

小林　ただ、それは悪いことばかりではありません。**海外から資本が流入してくれれば、企業の組織が存続し、いろいろな改革によって企業が活性化する。**外資が入ってこなければば、企業が倒産して雇用の場が失われる。

橋爪　おっしゃる通りです。流入してこないよりはよい。ただ、外国資本がハゲタカである点に変わりはありません。日本が破綻するまで、じっと眺めていて、底値になったから買う、というわけです。底値になる前に買ったら、損ですから。ハイパーインフレに見舞われて焼け野原になり、外国資本が入ってきて、気づけば上司はアメリカ人か中国人ということになる。

小林　たとえ外国資本に買収されても、社員のほとんどは日本人のままなので、外国人の上司が大挙して職場にやってくるということはあまりないような気がします。もちろん、社長や役員の一部は外国人になるでしょうが。

橋爪　あと、**国民は、巨大な喪失感に見舞われると思う**。戦後、奇跡の復興を遂げたとか、世界第二位の経済大国だったとかいうプライドが、ずたずたにされる。おそらく名目GDPのランキングでも、世界で何十番目かに転落してしまう。

小林　そうなる可能性はありますね。

橋爪　私が小学生のころ、世界には、一等国と二等国と三等国がある、と習いました。日本がその三等国へ転落する。やがて、小学校の社会の授業で、先生が「日本は悪夢のハイパーインフレに襲われ、ようやく今、そこからはい上がりつつあります」みたいな話をするようになるのか、と考えてしまう。

小林　ある意味、**ハイパーインフレは戦争と同じです。財政をどう運営するかという戦略を政府は大きく間違えてしまい、社会を大混乱に陥れてしまう。ここで、戦前の軍事費に相当するのが国債費**です。

橋爪　先の大戦で日本が戦争に負けて、連合軍に占領されたときには、民主日本へ、経済大国日本へという、目標の切り替えが起こりました。そのころの日本人には、次のステージへ行くのだという目的意識や、これでやり直しができるという解放感があったはずですが、今度ばかりは、想定外の失敗で、元気が出ないと思います。

小林　高齢化も進んでいますからね。

橋爪　次の目標が見当たらない。

小林　既に元気がありませんから、新たな目標と言われても難しい……。

橋爪　いまは、まだましなのです。ひとたびハイパーインフレが起きてしまえば、実質所得は何分の一、ドルベースの名目所得で一〇分の一くらいになってしまうわけですから。

小林　数字はそこまで悪くはならないと思いますが、相当ひどいことになる。

橋爪　大企業は外国資本に買収されるなどするとして、中小企業はどうなるでしょう。

小林　人件費が安くなりますので、新しくビジネスを始める人が増えるのではないでしょうか。

橋爪　そこに至る過程では、倒産する企業が続出する？

小林　ハイパーインフレと金利上昇が進んでいる間はそうなります。

橋爪　ただそのいっぽうで、企業は借金の塊でもありますから、インフレになると身軽になるという面もある。

小林　借金を抱えている企業が楽になれるのは確かです。問題は、ハイパーインフレ後に金融機関がお金を貸してくれるかどうか、ということです。そもそも、日本企業はバブル崩壊後、借金を減らす経営をこぞって進めてきたので、借金があまりない。

橋爪　企業経営は、飛行機のようなもので、錐もみ状態になって墜落してしまう企業もあるでしょうが、空気がある限り、機体を立て直すチャンスはある。

小林　底まで落ちてしまえば経済は必ず反転し、復活します。

橋爪　企業が倒産したとします。職を失った人は、「低賃金でもいいから、とにかく働きたい」と思っている。いっぽう、倒産した企業の設備は別の企業に買い取られ、新たな事業展開のために用いられることになる。そうなると、失業していた人も、その企業に再雇用される。つまり、**どん底の不景気によって、新たに企業が生まれるための条件が整うようになるわけですが、それにはすこし時間が必要**です。企業がつぎつぎと倒産しているような状況では、誰も起業しようとは思いませんから。

死屍累々

小林 インフレがひどくなっていく間は「どこまで奈落が続くのだろう」と思うでしょうね。しかし、景気がいったん底を打てば、環境は激変するはずです。中小企業の新規開業が相当増えてくる。

橋爪 遊休施設だらけなので、何でもできる。それまで築いた社会インフラはすべて残っているわけですから。そして**復興のカギは、技術力以外にない**。在来の技術を深めて、町工場で頑張るというやり方もありますが、長時間労働になってしまい、割に合わない。むしろ可能性は、焼け野原から出てくる、新機軸の事業にあると思う。それがどういうものかは、そのときになってみないとわかりませんが。

小林 それにしても、日本の近現代史で、突出した大事件となるでしょうね。

橋爪 **戦争に負けたのと同じくらいの打撃**です。

小林 国民生活に与えるインパクトは相当大きいはずです。

橋爪 戦争に比べてましなのは、人が死なないことです。戦争のときは、空襲も原爆もありましたから、三〇〇万人以上が死にました。しかも当時は、東京、大阪などの大都市が空襲を受けて、壊滅的な被害をこうむっています。それに比べれば、社会インフラも含め、基本的な施設はすべて残っているわけですから、だいぶましだ。

小林　その代わり、多数の自殺者が出るでしょうし、経済的な理由で医療を受けられず、本来なら助かるはずの命がそうならないケースも相当出てくるかもしれません。

橋爪　大震災や津波から何とか避難できても、そのあと、仮設住宅などで高齢者が亡くなっていくケースがありますね。それと似たことが起きるでしょう。そう考えると、**自殺や病死を含めて、五〇万人くらいの犠牲者は覚悟しないといけない**と思う。

小林　そうすると戦争をしたのと同じくらいの被害ですね。

橋爪　精神的なストレスだって大変なものでしょう。

小林　だからこそ、そうした事態に陥らないよう、全力を尽くさなくてはならない。

橋爪　もちろんです。でも**万が一、ハイパーインフレが起きても、そのどん底の状態から、何らかのメリットをみつけるべきです。財政再建プランを明確に打ち出す。国債残高はゼロにはならないので、残額はきちんと返済していく。原資は国民の預貯金です。応分の負担を国民が負って、五〇万人の弱者の命が失われないようにする。負の遺産をすべて克服して、しっかり日本を再建する。**それは、素晴らしくないですか。

小林　先進国としては、それがあるべき姿です。**経済破綻は、日本人には統治能力が欠けているということを証明しているようなもの**です。先の戦争に敗れたことも、そうでした。ここで経済破綻が起きてしまうと、日本人の統治能力不足を、世界に向けて二度もさらけ出すことになります。

橋爪　先ほど「次の目標がない」と言ったのはそういう意味でした。再び同じ轍を踏んでしまったら、つぎに頑張る理由はいったい何だろうと若い人が思う可能性がある。

小林　経済破綻が罪深いのは、そういう意識を若者に植え付けてしまうことではないでしょうか。

橋爪　国民の帰属意識も変化すべきです。これが昭和三〇年代なら、終身雇用と年功序列を会社が用意することで、帰属意識を育て、人びとのガンバリズムの起点となった。ところがいまの会社にそんな余裕はありません。政府も当てにならず、地域社会も地方交付税がなくなって、ズタボロになる。経済状態だけでなく、精神状態もかなり厳しくなります。

小林　もしかすると、政府による社会保障が縮小することで、地縁・血縁による相互扶助が復活するかもしれません。

橋爪　映画『ALWAYS 三丁目の夕日』で描かれたような、地域の繋がりがあればいいのですが、今や、隣に誰が住んでいるかもわからないような時代です。むしろ、いまよりいっそう殺伐としてくるかもしれません。

小林 誰も住みたがらないような国になってしまうかもしれない。

橋爪 **無政府状態に近づけば、サバイバル能力のある人が、ない人を踏みつけにするような社会になってしまう。**高齢者はいま、資産があるからかろうじて生きられて、社会的体面もそれなりに保っていられるわけですが、資産をすべて失ってしまったら、どうなってしまうでしょう。

小林 大変ですね。それこそ、私たちが後期高齢者になる頃にはそうなっている可能性が高い。

未熟な政府と日本人

小林 ハイパーインフレが起きてしまったら、日本人は自分で自分のことを支えられない国民だということを自覚せざるをえません。しかもそれを世界中にさらすことになる。

橋爪 明らかな不合理を、誰も是正できなかった、ということですね。

小林 高齢化がものすごく速いスピードで進んでいるのは確かですし、不況が長引いたのも事実ですが、それで言えば、欧米諸国もそれぞれ似たような事情を抱えてきた。にもかかわらず、日本ほど財政が悪化してはいません。日本だけが突出して、財政をうまくコントロールできていない。こうした**クライシスが起きてしまうとすれば、日本は真の意味で先進国ではなかったということ**です。

橋爪　アメリカには、ガバメントシャットダウンという制度があります。予算が足りなくなると、政府機関を閉鎖して、職員は自宅待機になり、給与も払われなくなるんです。

小林　そうなんです。こういう制度を導入して国民の危機意識を正しく高めていくのが、先進国の政治のあるべき姿だと思います。

先ほど、政府は国民の資産を強奪しているという話がありましたが、そこで引っかかったのが、まさにこの点でした。年金給付などでもらえるものはもらっておいて、借金を返済するのは政府の仕事、自分たちには関係がない。そんな人が結構います。いや、国民の大半がそうだと言ってもいいでしょう。そういう意識自体が、先進国の国民として、ふさわしくないと思うのです。そんな国民に選ばれた政府が統治しているのが、ここ日本です。

結局、「大丈夫です。任せておいてください」という政府と、「こんなふうにやっていて、借金を返せるのかな」と思いながらも、「きっと何とかなるだろう」と見て見ぬふりをする国民。こうしてお互いが責任をなすりつけ合っている。

橋爪　おっしゃる通りだと思います。ただ、国民も悪かったと言って、政府を免責することはよろしくない。やっぱり最初に、「政府はドロボウだ！」とはっきり言うべきでしょう。

小林　**国民の意識も政府の意識も、合理的な統治構造を持っているはずの先進国としては、あまりに未成熟**です。「政府はドロボウだ」という事態になる何十年も前に、政府の財政運営を是正させるような行動を起こす責任が、有権者にはある。政府の不作為と同様に、有権者の不作為が続いている。そのため、こうした破綻が起きてしまう。

橋爪　第一の原因は、国会が正しく機能していない点にある。

小林　おっしゃる通りです。**国会議員は、この本で行なっているような議論をきちんと理解しておくべきですが、そうなっていません。**むしろ現実には、「財源をよこせ」「公共事業を持ってこい」といった要求を繰り返してばかりいる。政治家だけではなく、財務省以外の各省庁の官僚も、どちらかというと「財源をよこせ」というスタンスです。

橋爪　政府のバラマキを批判して自民党から政権を奪った民主党が、目玉にした政策が「子ども手当」ですからね。開いた口がふさがりません。戦犯という意味で取り締まるとすれば、民主党も当然、有罪です。

小林　**持続可能な社会をつくるという点では自民党も民主党も落第**ですね。

橋爪　政策論議をする際には、どんな公共サービスを、どのような優先順位で行なうかを決めるのも大切ですが、と同時に、その**負担をどうするかも議論し、決めておかなくてはならない**。何度も言うようですが、財政の、歳入と歳出は均衡していなければならないわけです。

小林　おっしゃる通りです。厳密に歳入イコール歳出である必要はありませんが、国債比率が一定になるという意味で財政は均衡しなければならない。国会では、ある政策を実現させるためのコストについては口を閉ざし、メリットしか議論しない。すると有権者のほうは、メリットにばかり目を奪われてコストに気がつかなくなる。こうしたところに全ての問題がある。

橋爪　**ハイパーインフレを回避するためのキモはそこにある。コスト意識をはっきりさせ、予算内で何をやるかを決め、一度決めたら、五〇年かかっても、やり抜く。**

小林　そういう政治風土、国民性が求められている。

橋爪　それが嫌なら、「生き地獄」に行くだけです。

第Ⅲ部では、そうならないための具体的で実行可能なシナリオについて、議論しましょう。

クライシス到来のポイント

1　ハイパーインフレの責任は、一義的には、国民に対して必要な説明をしてこなかった政府にある。それによって、憲法が定める財産権が侵害され、多くの国民が塗炭の苦しみを味わわねばならなくなる。ハイパーインフレで勝ち組になれるのはごく一握りで、大半の国民は生活の基盤が破壊されてしまう。

2　ハイパーインフレが起きる背景には、政府を監視すべき有権者が未成熟で「お上頼み」だったという統治構造の問題がある。危機を教訓にして、財政運営のコスト意識をはっきりさせ、一度決めたら、五〇年かかっても、やり抜くという政治風土を作り上げなければならない。

第Ⅲ部

破局回避のための改革プラン

1　アベノミクスを検証する

真実を語らない専門家

橋爪　私たち日本人に残された時間はわずかだ、ということが、第Ⅰ部、第Ⅱ部の議論ではっきりしました。

洗礼者ヨハネは言いました。《悔い改めよ。……斧はもう木の根元に置かれている。良い実を結ばない木はみな、切り倒され、火に投げ込まれる。》最後の時は、切迫しているのです。洗礼者ヨハネから洗礼を受けたイエスは、この言葉に共感して、自分も教えを説くようになりました。

ヨハネは《悔い改めよ》と言うだけですが、イエスは、こうすればいい、とその先まで教えてくれた。ぜひ、日本人がこの危機を、どう乗り越えればいいのか、その先を教えていただきたい。生き延びるためのシナリオを、さぐりたいと思うのです。

小林　日本がひどい財政状況に陥っているということは、経済や財政をあるていど勉強してきた人であれば、よくわかっています。危機を未然に防ぐにどうすればいいかも、はっきりしている。**増税をして政府の歳入を増やすと同時に、政府が支出している社会保障関係費を減らす**。つまり、入るお金を増やし、出ていくお金を減らすという、子どもでもわかる簡単な理屈です。

にもかかわらず、なぜこれが国民のあいだで広く理解されないままなのか。その理由の一つは、それを**言わずに済むなら黙っていようという専門家**の姿勢にあります。ここ二十年ほど、それがずっと続いている。

橋爪　それは聞き捨てならない。確認ですが、この問題の根源は、政府の借金ですよね。

小林　債務残高についてはそうです。

橋爪　政府の借金が膨れあがったのは、税収が少ないのに、歳出が多いからですよね。歳出に大ナタをふるうべきです。バラマキをやめるだけでなく、肉を切り、骨を削るまでしなくてはなりません。

小林　そうです。

橋爪　でも誰も、本気でそう言わない。とくに政治家が。

きちんと説明すれば、国民だってわかるはずです。**何のために、どれくらいの期間、税を課すのかが明確なら、国民だって、税を引き受ける用意がある**。まず、しっかり説明しなければ。

　ガンなのに、告知もされず、放射線治療や化学療法がいますぐ必要なのに、気休めに痛み止めだけ処方されて、ほったらかされているのと同じです。

小林　まさにそれが日本の現実だと思います。

橋爪　放置できない、と思いませんか。

小林　思います。だからこそ、この本を少しでも多くの方に読んでもらい、この厳しい現実を理解してもらいたい。

　政治家にしろ経済学者にしろ、何かといえば、財政以外にも重要な問題があるとか、いずれ景気が回復すれば税収も増えるので大丈夫といった言い訳ばかり。どこかで皆、いつか「神風」が吹くはずと思っているのではないでしょうか。痛みが伴うような政策は、言い換えれば選挙民からそっぽを向かれるような政策課題は、できれば言わずに済ませたい。それが政治家の本音です。

　官僚は官僚で、このまま行けば、一〇〇年後には財政が確実に破綻するとわかっているのに、政治家の意向ばかりを忖度《そんたく》し、五年先しか見せようとしない。国民に対して一〇〇年先まで見せれば、いかに大変な状況かがわかるはずです。しかし、そうなると政治家は、「即刻、増税が必要だ」と言わねばならなくなる。政治家からすれば、そんなことはできれば避けたいわけです。こうして官僚も政治家も口をぬぐうことになる。そうなると、シンクタンクの研究員にしろ大学の教員にしろ、ひょっとすると財政破綻など起きずに済むのでは、と思ってしまう。しかも、民間のシンクタンクが「大変だ」と言おうものなら、官僚から叱られてしまうので、将来のことは何も言わなくなる。こうして、火中の栗を誰も拾おうとしなくなる。それが現状です。

橋爪　官僚に叱られるから、研究者が本当のことを言えない!?　まるで中世ですね。

小林　銀行の子会社や証券会社には経済問題を研究するシンクタンクが幾つもあって、毎年、経済予測を出していますが、長期的な日本の財政について論及することは殆どありません。計算することすら、やめてしまっている。

橋爪　本書は、「あくまで真実にこだわる少数派」でありたいものです。

小林　はい。しかし、ようやく彼らも、恐る恐るそういう計算をし始めました。私が知る例で言うと、あるシンクタンクは二〇二〇年までの財政状況を計算して公表しています。もちろん、二〇五〇年や二一〇〇年の予測も、彼らはできるはずですが、やらない。財務省に睨《にら》まれたくないといった、政府に対する遠慮が働いていると聞いています。

橋爪　第Ⅱ部で、経済破綻が刻々と迫っている今の状況は、軍の暴走を止められなかった戦前とよく似ている、という話が出ました。ならば当時、どうすればよかったのか。

日本は中国から、軍隊を引き揚げます、満洲からも手を引きます、と宣言すればよかったのです。長期的には、そうするしかなかったのですから。そして、タイムテーブルも発表する。そうすれば、戦争は避けられた。経済封鎖も解かれたでしょう。そのあいだに、国内の改革を進め、軍縮、所得格差の是正、国民生活の向上、言論の自由の確保など、手を打っていくべきだった。実現まで何十年かかろうと、戦争なしに、戦後日本みたいな社会に移行する道筋はあった。いまなら、誰にでもわかる理屈です。

ではなぜ、それができなかったのか。理由は明らかです。軍に遠慮してしまったから。いまと全く同じ構図じゃないですか。

小林　まさに同じ構図が、半世紀たってから、日本の財政において起きている。

とはいえ、今の政府も、「借金を増やせばいい」と単純に考えてはいません。社会保障にしても、よかれと思ってやっている。もちろん、社会保障が充実するのは本当によいことです。誰もその価値を否定したりはしないでしょう。**問題は、政府の歳入を超えた水準のお金を、社会保障費に充てると約束してしまったこと**です。それによって、一人当たりの負担額よりも給付額のほうが多くなってしまった。この不均衡を是正するために、どれだけ給付を減らせるか。先ほど橋爪さんは、戦前の日本は中国から撤退するなど、幾つかの意思決定をすべきだったと言われましたが、その現代版が、まさしくこれだと思います。

アベノミクスに「出口」はない

橋爪 安倍政権が進めているアベノミクスは、単なる時間稼ぎで、問題を悪化させているだけなのか。それとも、事態の改善に、多少は役立っているのでしょうか。

小林 稼いだ時間を有効利用できれば、時間稼ぎは「良いこと」です。たとえば、日銀による異次元の金融緩和でうまく時間を稼ぎ、その間に財政を立て直すべく増税を実施し、社会保障の給付を削減すれば、財政状況を改善することもできるからです。しかし、今のところ、財政の改革に本格的に着手するという気運にはなっていません。

橋爪 そもそもアベノミクスとは、何ですか。

小林 アベノミクスは三本の矢から構成されています。

第一の矢が日銀による金融緩和で、二〇一五年度末までに二％のインフレを実現させようとしています。今のところ、これはかなりうまくいっていて、景気の改善に役立っています。つまり、この第一の矢は、財政問題を解決するのに必要な時間を稼いでくれる、望ましい政策と言えるでしょう。

第二の矢は、財政出動によって景気回復を加速させようとする施策で、公共事業がその典型です。これによって公共事業が各地で行なわれるようになり、建設業では人手不足が生じているほどです。一般的に言って、公共事業には景気をよくする働きがありますが、長期的に見れば財政を悪化させてしまう。そういう意味では、第二の矢は財政状況の改善には繋がらない。

最後の**第三の矢は成長戦略**です。これによって経済成長率が上がっていけば税収も増えて財政状況も自ずと改善するだろうというのが、安倍政権の目論見です。しかし、財政が目に見えて改善するためには、経済成長率が一〇%くらい上昇する必要がありますが、そんな劇的な効果を持つ施策は今のところ見当たりませんし、これから出てくるとも思えません。もちろん、国家戦略特区を設けるなど、幾つかの規制改革案が出されていますし、TPP交渉も進められていますが、それが長期的な経済成長にどう結びついていくのかは、まだ明確ではありません。

橋爪　なるほど。じゃ、アベノミクスの、問題点は何でしょう。

小林　端的に言って、「出口が見えない」ということです。アベノミクスは、財政再建よりも先に経済成長率を高めようとしています。その根底には、**経済成長率が上がれば税収も増えていき、それに合わせて消費税率を一〇%まで引き上げておけば、いずれ財政**

再建も達成できるだろうという、楽観的な見通しがある。しかしそれは、非常に甘い考え方だと思います。

橋爪　その程度では、どう考えても無理でしょう。しかも、アベノミクスの第二の矢で、財政出動までしてしまうんですから。

小林　そうなんです。せっかく消費税率を八%まで引き上げても、「追加景気対策を打つ」と政府は言っていますから、増税による税収分は、ほとんどそれで相殺されてしまう。

橋爪　国の負債を減らすための増税のはずなのに。

小林　それについて安倍政権はこんな説明をしています。すなわち、この一年で株価が上がり、企業の景況感も改善し、円安によって輸出企業の業績も好転し、円建てで見ると企業の海外売上も増加。これらの相乗効果で法人税が、当初予定よりも一兆円以上増えているので、公共事業を増やしても、国債の発行残高を増やすことには繋がらない、と。

橋爪　その程度のことで、長期の政策がぶれてはならない。

小林　そうなんです。長期的な展望に基づく施策とは到底、思えません。「アベノミクスの行き着く先の出口戦略はあとで考えればいい」と無責任なことを言っています。

橋爪　目先の政権維持を優先させる、ポピュリズムそのものですね。

小林　アベノミクスが目指しているのは円安とインフレです。それが実現すればアベノミクスは成功だと政府は言っています。

二〇一五年度末までに二％のインフレが実現していれば、円安はどんどん進んでいくはずです。その時、日本国債を持っている人は、「このまま円安が進むなら、ドル建てで資産を持っていたほうが得だ」と考えて、国債を売ってドル建ての資産を買おうとするでしょう。そうなると金利が上昇し、企業倒産が続発するだけでなく、住宅ローンが払えずに自己破産するケースも頻発しかねません。そうならないよう、日銀が国債を無制限に買い入れれば、たしかに金利の上昇は抑えられる。その代わり、大量のマネーを市場に供給することになりますから、今度はインフレ率が上昇し、それこそ数百％にまで行ってしまうかもしれません。つまり、**どう転んでも、金利か物価のいずれかが高騰し、歯止めが利かなくなる可能性が高い**。

橋爪　どちらにせよ、パニックになる。

小林　アベノミクスが成功すれば、必ずそのどちらかになると私は思っています。「いや、大丈夫だ」という説得力のある答えを私は聞いたことがありません。この件で安倍政権のブレーンと話をしたことがありますが、「日銀が国債の売買をうまくやれば、金利も物価も高騰せず、経済も安定する」と言うだけでした。

橋爪　経済学部の学生がそんな答案を書いたら、〇点ですよね。

小林　そういう意味でアベノミクスのリスクは非常に大きいと思います。それこそ、この本が出版された直後に危機的な状態になっても、全くおかしくない。

橋爪　日本国債を売って外貨建ての金融商品を買う動きは、とっくに始まっています。最近知人が中国工商銀行に行ったら、人民元建ての預金を申し込もうと日本人が詰めかけていて、驚いたそうです。かりにそんな人たちが、銀行のロビーに入り切れず、表にあふれてしまったとしましょう。それがテレビのニュースになったりしたら、たちまちパニックのひきがねになりかねない。

小林　多くの富裕層が資産を海外に移し始めています。ドルもそうですが、目端の利く人は、人民元建ての預金を始めているはずです。いずれにせよ、アベノミクスにおいて「出口」を見出すのは非常に難しい。にもかかわらず、これを推進している政府側にその認識が薄い。これがアベノミクスに対する批判の一点目です。

橋爪　国民に幻想をふりまいて、病状を悪化させていますね。

まず財政再建を！

小林　アベノミクスに対するもう一つの批判は、戦略の順番が間違っているのではないか、ということです。景気が回復すれば財政再建も達成されるというのがアベノミクスですが、実は財政再建が実現しなければ景気も回復しないかもしれない。

橋爪　なるほど。順番が逆。

小林　はい。これはアメリカでは非常に話題になっているテーマですが、日本では不思議なぐらい知られていません

二〇一三年、共和党と民主党のあいだで、財政状況と経済成長率をめぐる大論争がありました。そのきっかけとなったのが、カーメン・ラインハートとケネス・ロゴフという二人の経済学者が二〇一〇年に発表した論文です（※21）。

この論文で彼らは、ある国の公的債務がGDP比で九〇%を超えると経済に悪影響を及ぼし、経済成長は大幅に下がる、と結論づけたのですが、まさに当時のアメリカは九〇%になるかどうかの瀬戸際で、共和党はこの論文を引用しながら、「オバマケアといった、低所得者向けの施策は即刻やめて、小さな政府を目指すべきだ」と主張したのです。これに対して民主党が反論し、大論争へと発展したわけです。

ただ、この論文にはデータの使い方に誤りが発見され、経済成長の落ち方が過大評価されている、と疑義が呈されました。その後、彼らはデータを修正した上で新たな論文を二〇一二年に発表し、公的債務がGDPの九〇%を超えると経済成長率は一〜一・

二％低下すると主張しています（※22）。ヨーロッパ諸国のデータを用いて、同じような結論に達した別の研究者もいます（※23）。おそらく経済学者の半数はこの説を支持するはずですが、なぜか日本では話題にもなっていません。

橋爪　ラインハートとロゴフの論文は、納得のいく主張です。

経済成長は本来なら、民間の貯蓄が投資に回ってうながされるのですが、そこに政府が割り込んで、民間の貯蓄を税金として徴収し、政府の支出にあてます。この支出は、生産部門に投下されるわけではない。ケインズの乗数効果をうむことになっていますが、その分投資が減るので、さし引きゼロかそれ以下になってしまうかもしれない。政府が支出を増やしすぎると経済成長が阻害されるのは、当然だろうと思います。

小林　財政破綻のリスクを国民が肌身で感じるようになれば、景気が減速するのは避けられません。債務がＧＤＰの九〇％以上というのは異常事態です。財政破綻する可能性がかなり高くなるわけですから、企業もそれに備えて設備投資をせず、現金をなるべく手

21　Reinhart, C.M., and K. S. Rogoff（2010）"Growth in a Time of Debt." NBER Working Paper No. 15639.
22　Reinhart, C. M., V. R. Reinhart, and K. S. Rogoff（2012）"Public Debt Overhangs: Advanced-Economy Episodes since 1800," *Journal of Economic Perspectives*, Vol. 26, No. 3, pp. 69–86.
23　Checherita-Westphal, C., and P. Rother（2012）"The impact of high government debt on economic growth and its channels: An empirical investigation for the euro area," *European Economic Review*, Vol. 56, No. 7, pp. 1392–1405.

元に置いておこうとするはずです。国民にしても、万が一の事態に備えて消費は控えるようにし、現金は銀行などに預けるようにするでしょう。こうして経済成長率は落ち込んでいく。

橋爪　わかりやすいです。

小林　しかも、何より日本でそうなる危険性が高い。というのも、長期債務の対GDP比は既に二二〇%で、とっくに九〇%を超しているからです。もし**ラインハートとロゴフの説が正しければ、経済成長率を引き上げるにはまず、財政再建を実現させなければなりません**。ところが政府や多くの政治家は、経済成長のためには財政が多少悪化しても仕方がないと考えている。経済成長率が上がれば税収も増えて財政再建も可能になると考えているわけです。本当はあべこべなのです。今こそ、財政再建を行なうことが経済成長を促すと、頭を切り替えなくてはなりません。

橋爪　日本経済の体質を強化し、成長軌道に乗せるには、財政再建は避けて通れない。むしろ成長へのいちばんの近道らしい、のですね。

小林　**成長戦略を実行すると同時に財政再建を推進しないと駄目です。財政再建を後回しにするのが、最悪の選択**です。

橋爪　財政再建は、経済成長のためにもなる。なるほど。

ただ、事態はもっと切迫していて、経済成長など後回しにしても、財政を再建しなければならない、という段階だと思います。

小林　クライシスが本当に来れば大変なことになりますからね。

橋爪　成長どころではなくなります。

クライシス回避のポイント

1　いますぐ、思い切った増税と社会保障の切り詰めが必要なのは明らか。しかし、専門家も政治家も、口をつぐんでいる。

2　財政再建をしないままのアベノミクスは、金利や物価の高騰をまねき、出口なしの状態に陥る。

3　政府の借金が増えると、かえって経済成長ができなくなる。財政再建を後回しにするのは、最悪の選択である。

2　消費税三五%への道

負担を覚悟する

橋爪　ここまでで、アベノミクスが夢まぼろしであることが、よくわかりました。では、われわれがいま、なすべきことは何でしょうか。

小林　言うまでもなく、財政再建です。

日本の国家予算を見れば、どれくらい財政状況を改善しなければならないかは一目瞭然ですが、われわれの多くがわからないふりをしている。

特別会計を別にすれば、歳出はほぼ九〇兆円です。これに対して税収は四十数兆円で、残り四五兆円ほどは、国債の新規発行によってまかなわれています。ということは、国債残高がこれ以上膨らまないようにするには、毎年、四五兆円分の穴埋めをしなければなりません。しかも、債務残高は既にGDPの二〇〇%を超えています。ですから、四五兆円分を補填しただけでは、残りの債務の金利負担が膨らんでしまう。GDPに対する国債の比率を押し下げて、その状態を維持するには四五兆円のほか、一五兆〜二五兆円分、財政収支を改善しなければなりません。つまり、計七〇兆円ぐらいは必要です。

橋爪　金額が巨大で頭がくらくらします。これを家計に置き換えてみましょう。

借金づけの家族がいた。毎年の支出が九〇〇万円なのに、稼ぎは四五〇万円しかない。残り四五〇万円は、毎年、借金でまかなっているとします。来年から新規の借金をゼロにするには、新たに四五〇万円を余計に稼ぐか、支出を四五〇万円減らすか、しなくてはなりません。でもそれだけでは不十分。過去の借金がたまっている。怖い取立て屋が来ないようにするには、四五〇万円に、過去の借金の利息分二五〇万円も加えた、七〇〇万円を毎年どうにかして捻出しなければならない。

七〇兆円というのは、こういう意味ですね。

小林　日本のGDPは約五〇〇兆円ですから、七〇兆円という額は、その一四%に相当します。対応策としては、政府がその分を税金で徴収するか、あるいは政府の歳出をGDPの一四%分減らすか、あるいは両方の合わせ技にするか、そのいずれかしかありません。

七〇兆円といってもピンと来ないかもしれませんので、消費税率に置き換えてみましょう。七〇兆円というのは三〇%の増税に相当します。二〇一三年の五%に、さらに三

○％を上乗せすることになりますから、消費税率は三五％となる。しかもこれを、ほぼ永久に固定しなくてはなりません。

橋爪　「ほぼ永久」なんて曖昧な言い方じゃなしに、消費税三五％を、何年間続けると借金がゼロになるのか、教えてください。

小林　残念ながら、ゼロにはなりません。この政策の目標は、ＧＤＰに対する公的債務の比率を現在の二二〇％から六〇％にまで、一〇〇年かけて引き下げることにあります。

橋爪　消費税率を三五％まで引き上げて、それを一〇〇年続けても、借金がまだ残っているということですか。

小林　はい。

橋爪　とすると、ゼロになるのは何年ですか。

小林　いや、ゼロにはなりません。**ＧＤＰに対する公的債務の比率が六〇％になれば、日本経済は健康体になったといえるので、六〇％にすることが最終目標**なのです。また、債務残高がＧＤＰの六〇％になるまでには一〇〇年以上かかりますが、この政策を五〇年も続ければ財政は目に見えて改善し、財政破綻が起こる可能性もなくなります。もちろん、債務は残りますが、確実に返済できるという見通しは立っているはずです。

橋爪　それなら、やるしかないでしょう。

小林　私もそう思いますが、消費税率を三％上げるだけでも、ケンケンゴウゴウの議論を経なければなりませんでした。安倍総理自身、相当嫌がっていて、財務省の役人が必死になって説得したという話もあります。二〇一五年一〇月に一〇％まで引き上げるのさえ実現できないかもしれないというのが、現状です。そう考えると、消費税率三五％というのは、とてつもなくハードルが高い。

橋爪　国民がきちんと説明を受けていないから支持せず、国民の支持がえられないから、政治家が嫌がるのではないでしょうか。

小林　そうだと思います。このまま行けば一〇〇年後の財政状況がどうなっているかの試算を、政府やシンクタンクがきちんと示せば、国民の危機意識ももっと高まるはずです。その上で、消費税率を三五％まで引き上げるのが、一番ストレートな政策なんですが……。

橋爪　それがいちばん手っ取り早い処方箋だと、私も思います。

さっきの日中戦争の例で言えば、武漢へ逃げた国民党の主力をやっつければ勝てるとか、重慶を爆撃すればとか、甘い見通しを聞かされて、「そうかもしれない。ならば戦争は続けたほうがいい」と国民は思ったわけです。中国と戦争すること自体が間違っていたのだから、さっさと兵を引き揚げるべきでした。いまもそれと同じ状況です。消費税を三五％に引き上げるのは、まさに中国から撤退することです。

小林　そういうことです。まさに撤退シナリオなんです。

橋爪　消費税率を三五％に引き上げた場合、国民の負担が増すのは当然として、それ以外に、何かまずいことが起きますか。

小林　われわれが購入している様々な商品が一律、三〇％値上がりするわけですが、日常品に関しては、それほど大きな負担にはならないのではないでしょうか。もちろん、日々の飲食代が三〇％値上がりすれば懐が痛みます。生活パターンは変えざるをえなくなりますが、中流以上の人なら、生活が破綻するほど深刻な事態にはならないでしょう。

橋爪　それは所得が三〇％ほど、目減りするのと同じですね。

小林　そうです。

橋爪　賃金の三〇％分カットを五〇年間、我慢する、みたいなことかな。

小林　ただ、消費税の負担は国民全体に薄く広く行き渡りますから、働く世代や高齢者など、特定の層に偏るようなことはありません。

他方で、懸念される点も幾つかあります。一つは、住宅や自動車といった耐久性の高い商品を扱う業界が、かなり冷え込んでしまう可能性があるということです。景気全体にもネガティブな影響があるでしょう。それともう一つ、消費税にはたしかに逆進性がある。つまり、低所得者ほど、食費など生活必需品購入費の割合が高くなり、税の負担感が増す。ですから、**消費税率を引き上げる時には低所得者に対する救済措置が必要です。**

橋爪 アメリカでは低所得者に、フードスタンプ（食糧クーポン）を配っています。このクーポンは高級食品には使えなくて、パンや小麦粉みたいな食材しか買えないようになっている。これはよい仕組みだと思います。

小林 日本でも生活保護を拡充するような低所得者対策が必要かもしれません。

橋爪 生活保護はいいが、現金を渡すと、パチンコなどギャンブルやアルコールに化けてしまうかもしれない。食糧クーポンなら、その心配がありません。

小林 たしかに食糧クーポンの導入は真剣に考えたほうがいいかもしれません。

増税で安心が返ってくる

橋爪 消費税率が三五％になると、特定業界がダメージを被《こうむ》るかもしれず、低所得者の負担も大きいのですね。それ以外には？

小林 問題点ではありませんが、大切なことが一つあります。消費税率が今より三〇％引き上げられれば、生活水準も三〇％低下すると思われがちですが、違うんです。なぜなら、消費税として徴収されたお金は年金給付や公的医療に使われますので、取られっぱなしではなく、われわれの暮らしに還元されているからです。

では、公的サービスから受け取れるベネフィットを差し引いて、どれくらいのコストが残るかというと、これが意外に小さい。私の友人の**ゲイリー・ハンセン教授とセラハティン・イムロホログル教授が、消費税率三五％でどうなるかを計算したところ、社会全体としては消費水準がわずか一・四％ほど落ち込む程度で済む**ことがわかった。年間三〇〇万円の消費をしているとすれば、それより五万円ほど少なくなるだけという計算です（※24）。

橋爪　無視できる程度ですね。

小林　はい、きわめて小さなコストなんです。

橋爪　とすれば、生活水準はそう変わらないと言っていい。大事なポイントなのに、この点も国民は、説明を受けていない。

小林　そうなんです。ただ、このモデルには複数の前提があって、それが正しいかどうかも議論の余地がありますから、一・四％という数が絶対正しいと言うつもりはありません。ここで私が言いたいのは、たとえ消費税率が三五％まで引き上げられたとしても、それは巡り巡って、自分たちの生活向上に役立つということです。ですから、正味の負担額はさほどでもないはずです。

橋爪　とっても重要なポイントです。よく考えてみると現実とも合っている。

スウェーデンなど北欧の福祉先進国の消費税率は二五%ぐらいで、かなり高い。そうした国の人びとが幸せかどうか、アンケートで尋ねると、「幸福だ」と答えるひとが多い。それは、生活が豊かだというよりも、福祉や医療サービスが行き届いていて安心できるからです。経済的な豊かさは、一人当たりGDPで測れるかもしれませんが、安心はそうはいかない。この安心が、消費税率を三五%に引き上げるなら、手に入るのではないでしょうか。

小林　そうですね。おっしゃるように、社会福祉が充実することで、将来にわたる安心感が得られるなら、それが増税による負担感を超えることも十分考えられます。つまり、税率を上げたほうが、むしろ安心感が高まって、人びともっと前向きに生きられるようになるかもしれない。

24　Hansen, G., and S. Imrohoroglu (2012) "Fiscal Reform and Government Debt in Japan: A Neoclassical Perspective." Mimeo.

橋爪　そう考えると、消費税率三五％の問題点も、乗り越えられそうに思えてきました。

小林　つい二、三年前までは、消費税の三〇％アップを主張しても、絵空事のようにしか受け止めてもらえなかった。ところが今では、私の提案に賛成してくれる人が何人もいます。いくら耳を傾けてもらえなくても、こういう本を世に問うたり、さまざまな機会を通じて訴えかけたりしていかなくてはなりません。それによって人びとの意識が変わっていけば、政治家も変わる。そこまで行けば、消費税三五％も、あながち空理空論ではなくなるはずです。

橋爪　空理空論どころか、もっとも現実的な選択だと思いますよ。

消費税を三五％にすると、ある日を境に税率がぐんと上がるわけで、その前に「買いだめ」需要が急増しませんか。

小林　その通りです。増税前に不必要に景気が上向いて、増税が実施された途端に急降下するということが起きてしまう。

橋爪　保存できるものほど、みんな買おうとするでしょうね。

小林　それと、住宅、自動車などの高額商品ですね。

橋爪　駆け込み需要で品薄になれば、けっこう値上がりする商品が出てくるかもしれない。

小林　その意味では消費税率を三五％まで一気に引き上げることで経済活動に混乱が生じ

るという副作用は確かにあります。

橋爪　ただしそれは、一回だけで済むわけです。一度、三五％にしてしまえば、その後の数十年間はそのままだから、もうそうした混乱は生じない。

小林　その通りです。ただいっぽうで、もっと小さな混乱が数回起きたほうが、ダメージが少なくて済むと主張する人たちもいます。この立場に立てば、消費税率を一年に一％ずつ、必要なところまで上げていくことになる。しかしその場合、三〇％上げるのに三〇年もかかってしまうわけで、あまり現実的なプランとは思えません。

column

消費税率三五%で日本は救われるか?

対談では、「消費税率を三五%まで上げれば、我が国の財政を安定化させることができる」と論じた。この主張を裏付ける根拠を紹介する。

まず、もっとも直接的な根拠は、政府が二〇一四年に初めて公表した長期試算である。次の図5は、二〇一四年四月二八日に財政制度等審議会財政制度分科会で報告された「我が国の財政に関する長期推計」のグラフである。

ベースラインの点線は、このまま財政の改革が何も進まなかった場合に、政府の債務残高がGDPの何%になるかを示したもの。二〇二〇年頃までは増加幅は大きくないが、その後は利子が利子を生むプロセスに入り、二〇五〇年には五〇〇%(現在のGDPを基準にすると約二五〇〇兆円)を大きく超える。ベースラインの債務残高比率は、無限大に向かって加速度的に増加していくことが一目瞭然である。

これに対して、図5の実線は、二〇六〇年に債務残高をGDPの一〇〇%に

図5　財政に関する政府の長期推計

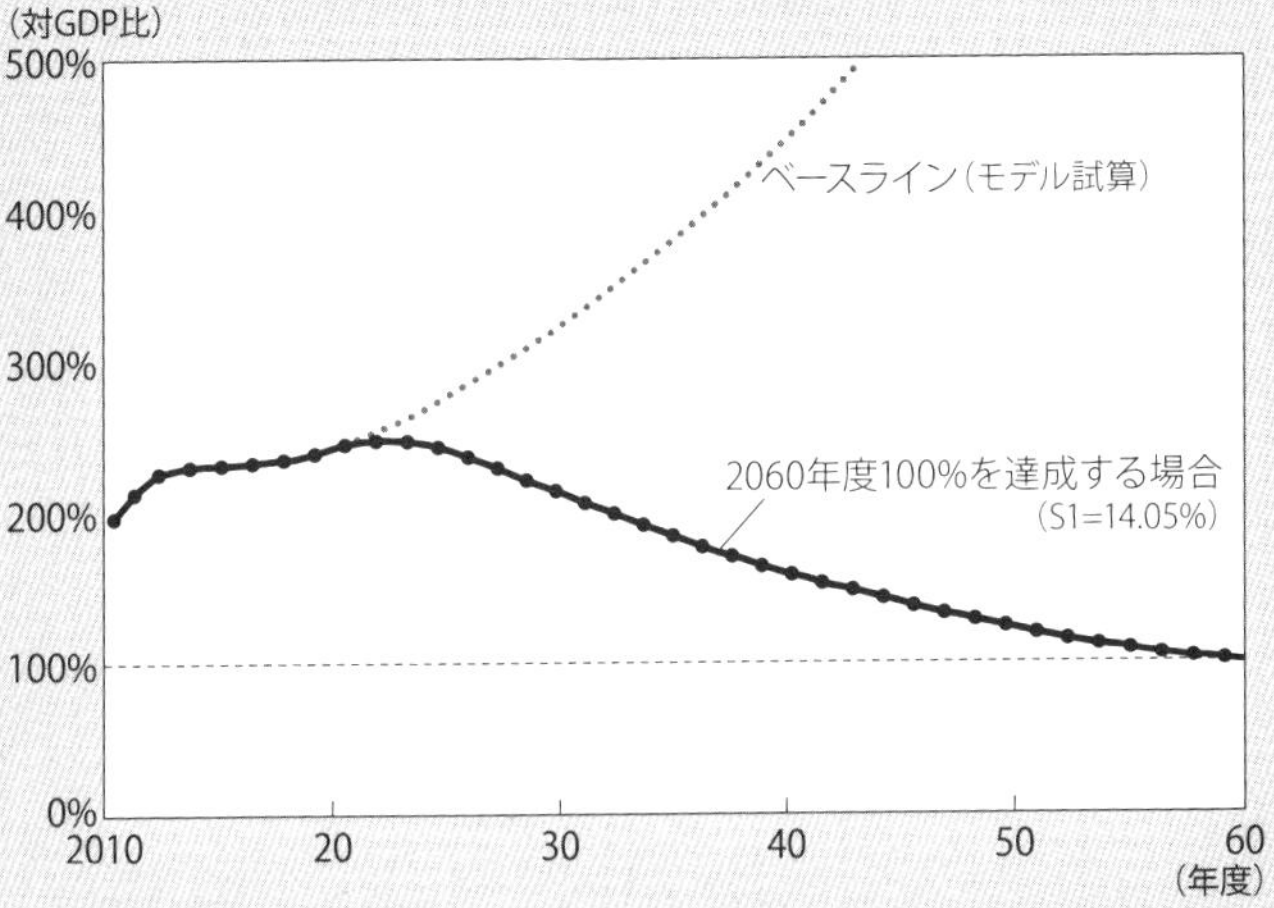

抑え込むように政策を実施して、財政収支を改善したときの債務残高の推移である。この場合、図中のＳ１が、財政収支の改善幅をＧＤＰに対する比率で示したものである。つまり、実線は、毎年の財政収支を一四・〇五％改善した場合の債務残高の推移である。この線が、対談で議論した消費税率三五％のケースを表している。なぜなら、ＧＤＰの一四・〇五％とは約七〇兆円であり、消費税率三〇％分に相当するからだ。つまり、実線が示す債務の推移は、対談で議論した「消費税率三五％」シナリ

オとほぼ同じと考えてよいのである。

この線が示すように、債務残高は二〇六〇年以降も減少を続ける。結果として、債務比率は対談中で論じたターゲットのレベル（GDPの六〇％）に約一〇〇年で到達すると考えられる。

この政府試算の結果は次のようにまとめることができる。

①このまま財政改革を何もしなければ債務残高は今から約三〇年後には、五〇〇％、六〇〇％というあり得ないレベルに到達し、そのまま無限大に向けて加速度的に増えていくということである。現実には債務比率が五〇〇％になるなどあり得ない。なぜなら、三〇〇％を超えると国内の預貯金の総額を国債発行額が超えてしまい、海外の投資家が買い支えなければ国債の買い手がいなくなるからである。日本政府が財政再建をしなければ、海外投資家が日本の国債を買い続けることはないから、五〇〇％は達成できないのである。したがって、そこに至る前に、なんらかのかたちで財政破綻が起きる、ということをこの試算は物語っている。

②一方、何らかの改革を実施して、消費税率三〇％分（約七〇兆円）の財政収支の改善ができれば、債務残高は二〇六〇年にはGDPの一〇〇％まで低下

し、その後も減り続けるので、日本の財政危機は回避されるのである。

さらに、対談中で紹介したゲイリー・ハンセンとセラハティン・イムロホログルの論文のシミュレーション結果を示す。

図6　ハンセン・イムロホログルの消費増税プラン

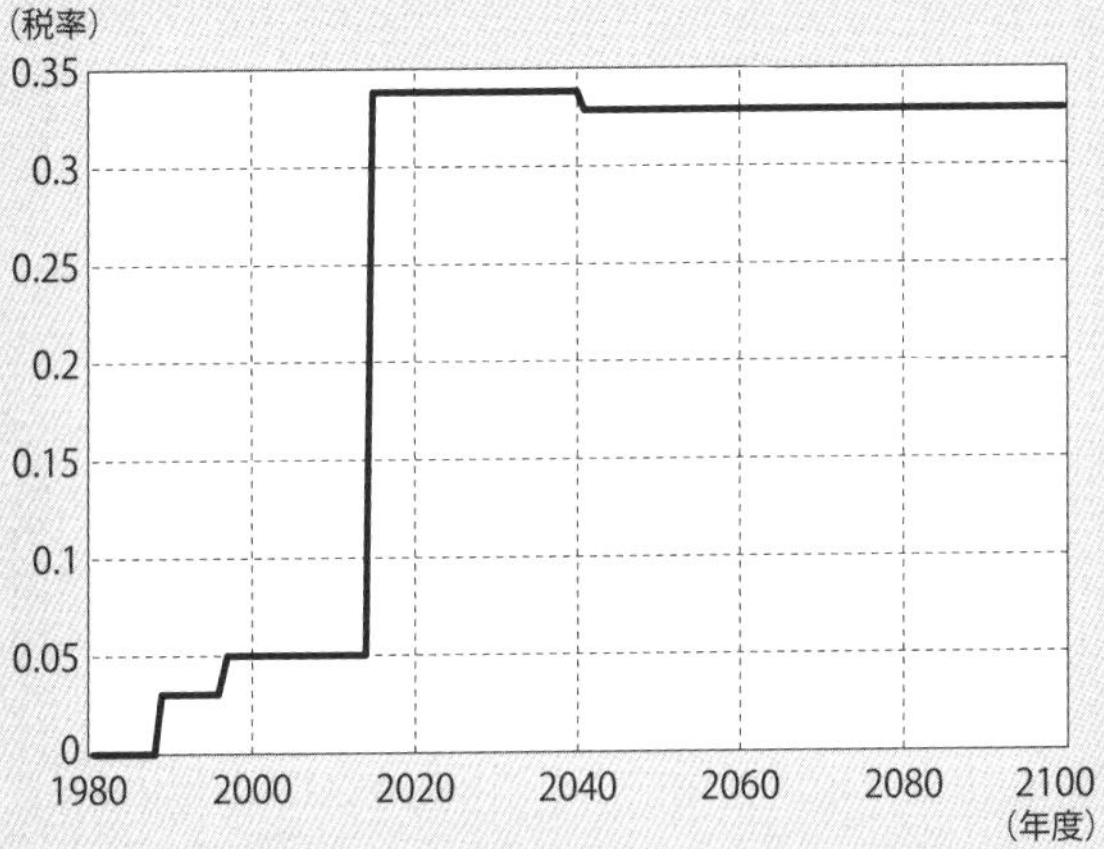

彼らは標準的なマクロ経済モデルを使って、日本経済のシミュレーションを行ない、増税について分析した。彼らの目標は日本の公的債務の対GDP比率（ここでの公的債務は、政府の債務残高から政府が保有する資産額を差し引いた純債務である）を、GDP比六〇％のレベルに収束させることである。

図6が、ハンセンとイムロホログルが算出した消費税の増税プランである。図に示されているように、消費税率は二〇一八年にいっ

図7　ハンセン・イムロホログルの公的債務比率の推移

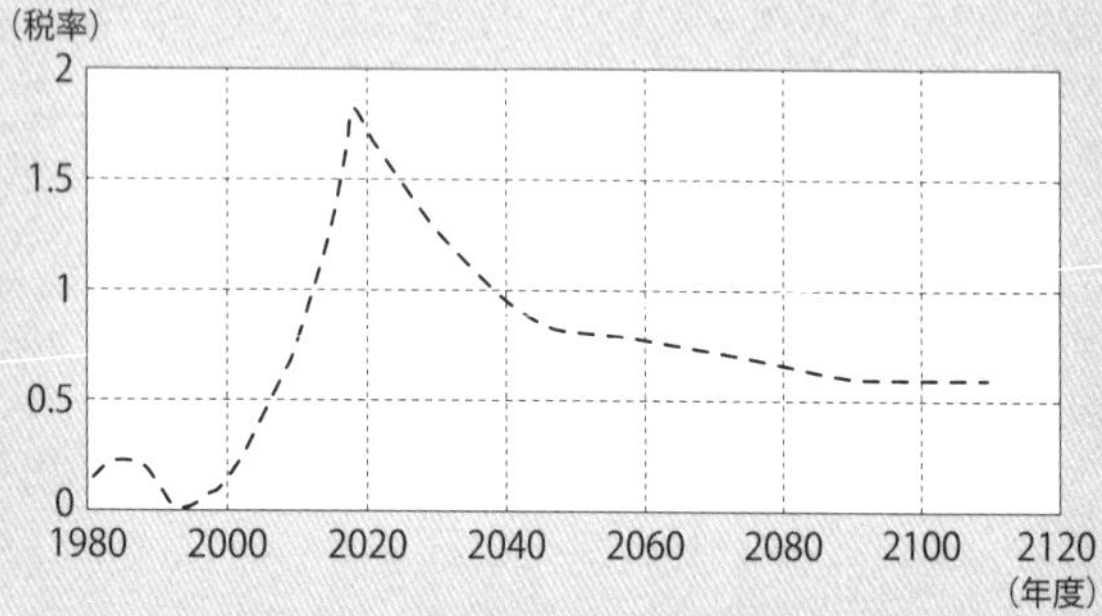

たん三四%程度に上げて、二〇四〇年以降は三三%にして、その後は永久に三三%を続ける、というプランである。

この増税プランを実施したときに、公的債務比率がどのように推移するかを表したのが図7である。

図7では公的債務は純債務で定義しているので、消費税率を引き上げる二〇一八年でも一八〇%程度になっていることに注意が必要である。その後、消費税の増税にともなって、債務比率は順調に減少し、二一一〇年頃に目標の数字（六〇%）に到達する。

この研究の意義は、中立的な研究者がまったく先入観を持たずに分析をした結果が、「消費税率約三五%」という数字になったことである。ハンセンとイムロホログルは日本のいかなる政治的な立場からも中立的であり、公開データを使って標準的なマクロ経済モデルのシミュレーションを虚心坦懐に科学的に行なった。このような性格の研究が、対談での筆者らの主張と整合的な結果を示したことは、消費税率三五%が必要という主張の信頼性を示す力強い傍証である（※25）。

（小林慶一郎）

25　ただし、この話には続きがある。ハンセンとイムロホログルが算出した消費税率約三五%という数字は二〇一〇年当時の日本のデータや予測に基づいて計算した結果であった。二〇一三年の年末に改訂された彼らの最新版の論文（Hansen, G., and S. Imrohoroglu (2013) "Fiscal Reform and Government Debt in Japan: A Neoclassical Perspective." NBER Working Paper No. 19431.）では、最新の予測にもとづいて、日本の将来の経済成長率を一・五%と置いて再計算した結果、日本の財政安定化に必要な消費税率はなんと六〇%になっている（二〇一八年から消費税率を六〇%にし、二〇九〇年以降は永久に四七%にする、というプランが示されている）。改訂前の論文では、日本の将来の成長率を二%としていたから、消費税率は三五%だったのである。このように、計算結果は前提条件や仮定によって大きく変わるため、数字は幅をもって評価する必要がある。しかし、消費税率三五%は、いまや、日本を救うための十分条件ではなく、あくまでも最低限の必要条件なのだ、と覚悟すべきなのかもしれない。

ハイパーインフレのおぞましさ

小林　ここまで、財政状況を改善するには、消費税率を三五％まで引き上げることが必要、という話をしてきました（※26）。

次に議論すべきは、こうした政策を行なったほうが、ハイパーインフレになるよりもはるかに望ましい、ということです。

橋爪　**ハイパーインフレとは、短期間のうちに物価が数倍から数十倍に高騰する、激しいインフレのこと**でしたね。

小林　その通りです。ハイパーインフレになってしまうと、経済活動全般が大混乱に陥り、金利の暴騰、あるいはインフレ率の暴騰を甘受せざるをえなくなります。

国民の消費水準について言えば、消費税率を三五％まで引き上げた場合は約一・四％の低下で済むと先ほどほど申しましたが、ハイパーインフレの場合、それとは全く比べものにならない膨大なコストが生じるのは間違いありません。

橋爪　その点を詳しく考えましょう。

かりに一〇〇〇％のハイパーインフレになったとすると、国民の資産はどうなりますか。

小林 **一人当たり、約一〇〇〇万円の資産が失われる計算**です。

橋爪 じゃあ、消費税を三五％に増税した場合は、どうなりますか。

小林 その場合は、やはり約一〇〇〇万円の資産が、政府に移転することになります。その意味では変わりがないとも言える。

橋爪 ただし、何十年もかけてゆっくり移転する、のですよね。

小林 そうです。だから、国民には痛みが少ない。

ハイパーインフレの場合、景気が急激に悪化して成長率が低下し、国民生活が甚大なダメージを受けます。**無数の企業が倒産し、失業者が急増するでしょう。金利の上昇で、住宅ローンが返せなくなり、自己破産する人も続出するはず**です。

消費税増税なら、導入一年目は景気が相当冷え込むとしても、その後は安定してくる。企業倒産も、そうひどくはないはずです。

橋爪 「個人から政府へ、結局、一人当たり一〇〇〇万円の資産の移転が起こる」という点は変わらないとしても、風邪をひいて微熱があるのと、肺炎をこじらせて死にそうに

26 あるいは、歳出をドラスティックに削減するという改革案と合わせ技にすれば、消費税率を二五％まで引き上げる程度ですむかもしれない。

なるのと、ぐらいの違いがありますね。

消費税増税では、総額が、一人当たり一〇〇〇万円でも、五〇年間にならせば、毎年二〇万円です。

これに対して、ハイパーインフレは、いきなり、一人当たり一〇〇〇万円もの資産が失われてしまう。ドロボウのようなものです。

小林 別な言い方をすれば、現金や預貯金に、税率九〇%の資産税が突然課されるようなものです。

橋爪 しかもインフレは、不公平です。

消費税なら、誰でも消費はするので、公平です。まんべんなく、負担する。

でもハイパーインフレだと、預貯金を持っている人だけが狙い撃ちにされる。不動産で資産を持っている人だと、値上がりで、かえって得する可能性もある。借金がある人は、負債がチャラになる。このように、健全な経済関係、社会関係が、破壊されてしまいます。

小林 たしかにハイパーインフレによって、負債を抱えている人へ、貸した人から所得が移転することになる。国民が合意を与えてもいないのに、政府や債務者へお金が渡ることになってしまう。

橋爪　ハイパーインフレが破壊する社会関係には、金銭に換算できない価値があります。壊れると、容易に修復できません。単なる不景気ではすまない打撃となって、深い爪痕を残すでしょう。

いっぽう、消費税を三五％にしても、計画的に実施すれば、潰れる企業や銀行は多くない。人びとにとっても、受けいれ可能な負担です。しかも税ですから、国会の議決を経ている。自分たちで決めたことだと、国民が納得する。意見も言える。

一人当たり一〇〇〇万円もの資産が移転するのを、自分で納得して行なうのか、それとも、降ってわいた災難みたいになるのか。この違いはとても大きい。「自分の人生の主人公である」ことが幸せの条件であるなら、ハイパーインフレに見舞われた人間は、絶対に幸せではありません。

小林　おっしゃるようにハイパーインフレは、社会に対する基本的な信頼を毀損してしまいます。しかも、一度失われた信頼を取り戻すには、相当時間がかかる。

アルゼンチンの財政が破綻したのは二〇〇一年のことですが、今でもこの国の銀行は住宅ローンを取り扱っていません。一〇年以上経ったというのに、住宅ローンという商品を売る状態にないわけです。ですから、アルゼンチンの人びとが自宅を買おうと思ったら、現金を貯めておくか、どこかから調達しなくてはなりません。日本でのようにまず頭金を払って、あとは銀行との信頼関係に基づいてお金を借りて、安定した暮らしを維持しながら、その借金を返していくという選択肢が完全に失われています。

もし日本でハイパーインフレが起きたなら、住宅ローンが組めなくなる可能性が高いですし、生活基盤も大きく損なわれてしまうでしょう。しかもその状態が一〇年、二〇年と続いていく。

橋爪 多くの人びと、ことに高齢者や弱者には、死ぬほどつらいことです。

あきらめる前に

小林 しかしそのいっぽうで、「ハイパーインフレは一瞬で終わって経済もすぐ復活するので、消費税増税よりもはるかに望ましい」と主張する人たちも結構いるのです。

橋爪 どこにいるんですか?! 見つけ次第、ぶん殴ってやります。

小林 意外に思われるかもしれませんが、日銀にも、霞が関にも……。

橋爪 日銀にも! 霞が関にも!

小林 個人的に話を聞くと、そんなことを言う人が結構います。

橋爪 どの省庁のひとがそんなこと、言ってるんですか!

小林 財務省にも、経済産業省にもいます。

橋爪 財務省！ 経済産業省！ それは聞き捨てならない。

小林 彼らからすれば、ハイパーインフレになったほうが楽なんです。

消費税率を上げるには、国会の承認を経なければならず、そのためには途方もない政治的エネルギーが必要です。とりわけ官僚はあらゆる調整をしなければならず、苦労が絶えません。それに対してハイパーインフレは突然起こるわけですから、政府にしろ日銀にしろ、「われわれにはどうしようもなかった、勝手に起きてしまった」と言って、両手を上げることができるわけです。

橋爪 ちょっと待ってください。**ハイパーインフレは勝手に「起きる」のではありません。人為的に「起こされる」**のです。国債を発行し過ぎ、日銀券を発行し過ぎたからそうなるのです。だからこそ、政府の当事者は、その責任を負わなければならない。ハイパーインフレで、自殺者が五〇万人出たとすれば、彼らがその人びとを殺したも同然です。

そもそも政府は、何のためにあるんですか。ハイパーインフレになるような政策しかとれないのなら、財務省も経済産業省も、なくていい！

小林 だからこそ、国会できちんと議論をし、しかるべき議決を行ない、消費税増税をきちんと実行しなければなりません。それこそが、役人や省庁がなすべき仕事であるというのは、全くその通りです。

橋爪　そこまで増税をやりたくないという連中は、クビにするしかないと思う。財務省の役人には職責がある。プロフェッショナルとして処遇されているわけでしょう。ならば、ハイパーインフレを防ぐためのどんな努力も、惜しんではならない。それは、日銀も経産省も同じです。

小林　おっしゃる通りです。ですが、財務省にも日銀にも経産省にも、どうしたってハイパーインフレになってしまうのだから仕方がないと、あきらめてしまっている人が少なからずいるんです。

橋爪　組織にいれば、上司に理解がなくて、あきらめたくなる気持ちもわかります。でも、志を曲げてはいけない。

小林　この危機を乗り切るには、消費税率の引き上げなど、大胆な改革が必要だと、政治家を説得するにはどうすればいいのか。政治家同士がそういう議論ができるようにするにはどうすればいいのか。頭の痛い問題です。

橋爪　**財務省や経産省、日銀には、重要な情報が集まっているはずです。だったら彼らも、あきらめてしまう前に、そうした情報を外に向かって発信すればいいじゃないですか。**

小林　おっしゃる通りですね。なぜ、発信しないのだろう。

橋爪　それをしないであきらめている彼らが、いちばん悪い。

小林　まったくその通りです。

橋爪　やっぱり見つけ次第、ぶん殴るしかない。

小林　彼らが情報をオープンにしない理由を、もう少し考えてみます。おそらく彼らは、ハイパーインフレが起きる確率は高いが、一％ぐらいの確率で起きないかもしれない、とそう思っている。一％の確率で近い将来に神風が吹いて、一〇〇％程度の高度経済成長が実現するかもしれない。そうなれば、財政状況もかなり改善され、ハイパーインフレが起きることもないので、情報開示をする必要もない――。そんな風に考えているのではないでしょうか。

橋爪　ある人がガンにかかって、「五年以内に六〇％の確率で死にます。ただし、一％の確率で、自然治癒する可能性もあります」と医者から言われたとします。自然治癒する可能性が一％あるからと、安心して何もせずにいる、なんてありえないでしょう。手術するとか、放射線治療を受けるとかするはずです。

ハイパーインフレもそれと同じです。一％の確率で起こらないからといって、何もせずにいるなんて無責任きわまりない。すぐさまアクションを起こすべきでしょう。

小林　一〇〇年後の日本の財政がどうなっているのかを、政府は国民に対して示すべきです。そうした推計をきちんと国民に提示して初めて、消費税率は八%でいいのか、それとも三五%まで引き上げる必要があるのか、議論ができる。

橋爪　**ハイパーインフレからは、誰ひとり逃れることはできません。どんなに賢明なひとも、愚かなひとも、ひとまとめにひどい目にあう。だったら、連帯するしかない。**お互いを仲間と認め、共同行動を取らないと、この災難から逃れられません。

たとえ政府や役人が自分の責任を放棄して、あきらめかけていたとしても、国民はあきらめてはいけない。この本を読んだあなたは、運がいい。さっそくこの本を、周りのひとにすすめて下さい。ブログを書いたり、新聞に投書したり、政治家にメールを書いたり。どんな方法でもいいから、ぜひ、声を上げてほしい。

選挙を待っていたのでは間に合わないかもしれない。事態は切迫しています。国民一人ひとりにできることは限られていますが、それすらしないなら、ハイパーインフレで一人当たり一〇〇〇万円が消えてなくなっても仕方がない、ということです。

小林　一〇〇〇万円が失われるだけではありません。多くの企業が倒産し、生き残った企業も取引が減る。

橋爪　そうなれば、職も失ってしまう。運よく職があったとしても、給与が何分の一に目減りしてしまう。

小林 ハイパーインフレによって経済的な大混乱が起こり、甚大なコストを支払わされることになるでしょう。当然、社会に対する信頼感は失われ、一〇年たっても、元には戻らない可能性がある。

橋爪 子どもの進学はあきらめなければならない。年金も破綻する。老人が医療サービスを受けられない。主婦がパートに出ようにも、働き口がない。預金は封鎖されるか、ゼロ同然になってしまう。日用品が入手困難になる。円安で、食糧も輸入できない――。こうならないようにすることこそ、最大の政治責任ではないのか。

私に言わせれば、三五％の消費税とハイパーインフレのどちらがいいかなんて、議論するまでもありません。

小林 ハイパーインフレが何をもたらすか正確には予想できませんが、消費税が三五％になるよりは、ずっとひどいことになりそうですね。

橋爪 消費税が三五％になるとは、どういうことか。

妻と子ども二人の勤労者世帯――かりに年収四〇〇万円としましょう――が、どれくらいの税金を余計に払うことになるのか。消費税率はいま八％ですから、二七％分の増税となります。そうするとおよそ、四〇〇万円×二七％＝一〇八万円、最大でこれだけ負担が重くなる。

それに対して、ハイパーインフレになったら、どうなるか。日本人一人当たり、一二〇〇万円の預貯金があると言われています（※27）。四人家族なら、計四八〇〇万円。ハイパーインフレで一人当たり一〇〇〇万円が失われるとすれば、四人家族で四〇〇〇万円の預貯金が、またたく間に失われてしまう。家族で四八〇〇万円の預貯金が、八〇〇万円に激減してしまうわけです。

またたく間に四〇〇〇万円がなくなってしまうのと、毎年一〇八万円を五〇年間にわたって払い続けるのと、どちらがいいか。この五〇年の間、医療保険や年金、子どもの教育といった公共サービスは、これまでと同じように受けられる。会社も職もある。

クライシス回避のポイント

1 毎年の財政収支を約七〇兆円、改善する必要がある。これは、消費税率を三五%に引き上げるということ。

2 消費税率アップにあわせて、低所得者の救済措置を講じる。

3 消費税率三五%のコストは意外に小さい。増税分が、社会保障などで還元されるからである。

4 ハイパーインフレは、消費税増税よりも社会的コストがはるかに大きい。

5 増税をためらう官僚や政治家に、国民は財政再建を求めなければならない。

27 家計の金融資産一六〇〇兆円を一億二〇〇〇万人で割って算出。

3　まだ間に合う!

年金改革の基本軸

橋爪　さて、とは言っても、三五%の消費税は重い。小林先生は、歳出を徹底的に見直して、カットするいっぽう、消費税も少しだけ軽めに増税する、合わせ技のプランもお持ちでしたね。詳しくお聞きしたいです。

小林　年金の給付を一律でカットしすぎると、所得や資産が少ない人は生活が立ち行かなくなってしまう。ですからこれは望ましくありません。では、どうすればいいのか。**所得の多い人たち、あるいは資産を多く持っている人たちの年金給付額を減らすいっぽうで、所得や資産の少ない高齢者に手厚い年金制度を作る。**これがもっとも合理的で正しいやり方ではないでしょうか。

その際、いちばんのネックとなるのが、社会保障に関する、ある基本思想です。それによって、所得や資産を多く持つ人から低所得者層への再配分が非常にやりにくくなっている。

橋爪　どんな思想ですか。

小林　たとえば年金であれば、これまで支払った保険料の総額に応じて支払われるべきだという考え方です。この場合、現役時代に所得の高かった人は、保険料をそれだけ多く支払ったのだから、年金もそれに応じて多く支給されるべきだということになる。逆に、現役時代に所得の少なかった人は、保険料もあまり支払っていないので、受給額が少なくなっても仕方がない、となってしまう。そこでは豊かな人がますます豊かになり、そうでない人はますます貧しくなってしまうわけです。

それに対して私は、年金の一階部分に相当する基礎年金（国民年金）では低所得者層に手厚く支給すべきで、これは、保険ではなく再配分政策であるという、発想の転換が必要だと考えています。

この場合も、年金の二階部分である厚生年金については、所得に応じた保険契約という性格を維持することになります。

橋爪　年金に対する信頼がゆらいでいます。でも私は、年金の制度を擁護したい。

年金には二つの利点があります。

ひとつは、安心の創出です。これを、大勢の人びとが共同で行なう。年金がなければ、仕事を辞めたあとの生活費は、自分で貯金しておかなくてはなりません。そうすると、貯金しすぎになります。自分がいつまで生きるか、わからないから。一〇〇歳まで生きたらどうしようと、必要経費を多めに見積もってしまうのです。誰もが同じように考えるので、社会全体として、過剰貯蓄になってしまう。年金制度があれば、いくら長生きしようが、生きている限り、所得が保証される。早く亡くなった人への支給は打ち切られるので、全体経費が安くてすむ。このように、大勢の人びとが加入する年金は、合理性が高い。しかも、企業も保険料を拠出するので、個人の負担はなお少なくてすむ。とてもよい仕組みだと思います。

もうひとつは、再分配です。現役時代に所得の高かった人と、そうでない人がいます。年金の一階部分に当たる、基礎年金の保険料は、所得に比例して負担すべきでしょう。いっぽう受け取る年金は生活費で、基礎年金では一律、同額の給付が受け取れるようにする。そうすると、再分配の効果が働くのは、小林先生のご指摘の通りです。

アリとキリギリスではないかと、再分配に反対する考えもあります。ギャンブルに明け暮れ貯金もしなかった人が、年金を受け取る段になって、手厚く扱われる。こつこつ働き、相当の貯金をした人が、資産があるという理由で、給付が少なくなる。これは社会正義に反するのではないか。そこで、年金を二階建てにし、二階部分では、所得の額に応じた保険料を支払い、支払いに応じた年金が受給されるやり方がよい。

まとめるなら、**再分配の論理と、アリとキリギリスの論理をミックスさせたやり方が、もっとも合理的**だと思います。

年金問題の根幹は、この基本的な考えが国民に理解されずにいること。そして、年金の積立金が底をつきかけていることです。

小林　公的年金の基金はまだ一二〇兆円くらいはあります。ただ、少子高齢化によって、これが急速に減っていき、いずれ底をついてしまうのは間違いありません。

もう一つ、検討すべき重大な問題があります。先ほど橋爪さんが言われたように、年金には過剰貯蓄を抑制する働きがあります。この年金制度が全員加入であるなら、必ずしも政府が運営する必要はありません。支払った保険料を市場で運用して得られる金額と同額の年金がもらえるような、フェアな設計になっていれば、政府が運営しなければならない理由はありません。

橋爪　公的年金でなく、私的年金でもいいのですね。

小林　そうなんです。ところが、少し前まで日本社会では右肩上がりで人口が増え続けていましたから、年金も純粋な保険契約ではなくなってしまい、現役世代がお金を出して、それを高齢者に渡すという、世代間の仕送りという原理が入り込んでしまったわけです。

それによって、年金の基本思想が混乱してしまった。もちろん、人口が増え続けるあいだは何の問題もなかった。しかし、今は違います。日本の人口は、少なくとも今後五〇年間は減り続けます。そういう人口減少社会において、世代間の仕送りという原理は、経済的合理性を失ってしまう（※28）。非常に大きな問題です。

橋爪　どうすればいいんでしょう。

小林　**人口減少社会においては、仕送りという原理が組み込まれた公的年金制度は廃止したほうがいい。年金保険は、強制加入にした上で、民間の保険会社に任せるべきです。**

アメリカのオバマケアでは、民間の保険に強制加入となっていますが、これと同じような仕組みを導入する。そこでは一人ひとりが年金口座を作り、自分が積み立てた保険料は保険会社に運用してもらい、仕事をリタイアした老後に年金として支払ってもらう。積み立てるといっても、純然たる貯蓄ではありません。あくまで保険ですから、長生きした分のリスクは同世代同士でやり繰りしていく。つまり、早く亡くなった人が払い込んだ保険料を、予想外に長生きする人の年金給付の財源に回す、ということになります。

これを積み立て方式と言いますが、人口減少社会では、これがもっとも合理的だと思います。**これまで日本では、現役世代からお金を徴収して高齢者に渡すという、賦課方式を取ってきました。この方式から積み立て方式へと転換すべきです。**

橋爪　なるほど、その通りです。
　でも、賦課方式から積み立て方式に、どう切り替えるのか、ちょっと心配です。切り替えまでの世代は、保険料を、上の世代を支えるために払ってきた。それが切り替わったとたんに、自分の保険料を積み立てなさいという原則になる。どう考えてもダブルパンチです。

小林　ダブルパンチのうち、片方は政府が面倒を見なければなりません。具体的には国債を発行することになるでしょう。その分は、将来世代が薄く分担していく。あるいは、上の世代の分と自分の分を負担するのは大変なので、上の世代の分は国債を発行することでまかなうことにし、将来世代に薄く負担してもらい、自分の分は積み立てでまかなうというアイディアを、小黒一正さんをはじめ、何人かの経済学者が提唱しています（たとえば小黒一正著『２０２０年、日本が破綻する日』日経プレミアシリーズ）。

橋爪　そのプランも合理的だと思いますが、切り替え自体がやっぱり大変です。

小林　政治的なコストも相当かかるでしょうね。

28　教科書的な経済学の議論で、次のことが知られている。世代間の仕送りという原理が組み込まれた公的年金（賦課方式）は、人口が増加する社会ではすべての世代の社会厚生を改善するが、人口が減少する社会では、すべての世代の社会厚生を悪化させる。

資産と負担

橋爪　「一律給付」が原則の、日本の医療保険や年金制度は不合理だというご指摘がありました。では、どうすればいいのか、教えてください。

小林　高齢者の場合、大半が仕事を辞めていますから、所得額でその人の豊かさを測るのは合理的ではありません。中には所得が全くなくても、何億という資産を持っている人がいる。ですから、どれだけ資産を持っているかがわからなければ、合理的な再配分はできません。しかし、政府・税務当局や自治体が、国民一人ひとりが保有する資産量を把握するのは基本的には不可能です。特に難しいのが金融資産です。複数の金融機関に資産を分散させて預けてあると、誰が預金者かを特定するのはきわめて困難で、それがために資産額に応じた課税ができないのです。

橋爪　二〇一六年から、マイナンバー制度が始まるのですね。

小林　はい、この制度が導入されれば、国民一人ひとりに個人番号が付けられます。これによって税の申告や医療の記録、さらには住民票の取得など自治体によるサービスといったものが、すべてマイナンバーで管理されることになります。

銀行や証券会社の口座を開設する際や、不動産取引などの際に、このマイナンバーを付記するよう義務付ければ、複数の金融資産の名寄せができますから、課税当局は、国民の資産をより正確に把握できるようになります。それによって、年金の給付額や、医療の窓口負担額などを資産に応じて変えていくといった、**個々人の豊かさに応じた社会保障**が実現できるわけです。

ただ、この手の話になると必ず、プライバシーの保護とどう折り合いをつけるかという問題が出てきます。しかし、社会保障を支えるためであるという目的が明確なら、多くの国民が理解してくれるのではないでしょうか。

橋爪　日本は遅れてますよ。アメリカではとっくに、SSN（ソーシャル・セキュリティ・ナンバー＝社会保障番号）の制度が導入されて、一九九〇年には国民全員にもれなく付けられるようになりました。社会生活のあらゆる場面で、この番号の記入が求められます。

小林　アメリカよりも相当遅れていることは確かです。アメリカでは銀行口座を開く時にも社会保障番号を提示しなければなりません。だから名寄せもやりやすくなっている。日本でも同じようにできれば、もっと公正な社会保障制度が作れるはずです。

橋爪　所得に応じた負担は、合理的でわかりやすい。では、資産に応じた負担は、合理的なのでしょうか。

本人にはあまり所得がなくて、親から二億円の不動産を相続したとします。高額の固定資産税を払わなくてはならず、その分、生活が圧迫される。病院に行けば、「あなたは二億円の不動産を持っているでしょ」と言われて、医療費も高くなる。これではその人は、どんどん貧しくなっていく。いずれ親から相続した不動産を売却しなければならない。

不動産には固定資産税がかかります。金融資産だと、利息分が課税されるだけなので、利息がなければ、税金を払う必要がない。そうなると、不動産がどんどん売りに出され、訳のわからない金融資産に化けていくだろう。これでいいのかと思うわけです。

年金生活に入ったころ、自分の親が亡くなるケースも少なくありません。親を看取った当人は所得がほとんどなくて、そのタイミングで遺産相続税や固定資産税を取られ、しかも病院にかかれば、高い医療費を支払わなくてはならない。もう踏んだり蹴ったりではないか。資産による負担は、不合理が多いようにも思うのです。

小林　第Ⅱ部でもリバースモーゲージの話はしましたが、この制度が導入されれば、そういう問題もある程度、解消されると思います。

橋爪　資産を所得に変換できる仕組みですね。

小林　はい。土地や不動産を保険会社などの運営主体に引き渡し、その対価として、月々決まった金額を、亡くなるまで受け取れるという仕組みです。亡くなった時点で、その土地や不動産は、運営主体のものになる。これが利用できれば、年金と同じように月々、お金が入ってきますので、老後の生活設計が格段にやりやすくなります。

橋爪　なるほど。そうすれば、公的年金の財源も、節約できそうです。

この仕組みが普及すれば、高齢者の不動産を取得する保険会社や自治体が増えて、そのぶん、若い世代の遺産相続が減ると思われる。これは悪いことではありません。**親の資産のいかんで子の運命が左右されるのが、遺産相続です。不公平です。それよりも、機会の平等を徹底し、能力に応じた就業のチャンスをすべての人に開いていくほうがよい。**しっかり教育を行ない、労働力の付加価値を高めて、労働生産性も賃金も高くなるようにする。これが、政府のめざすべき方向ではないでしょうか。

小林　そうですね。マイナンバー制度によって、個々人の資産をしっかり把握し、その額に応じて公的年金の給付額を変えていくとすれば、資産はあるものの、所得がないような高齢者は経済的に行き詰まってしまいかねません。その救済策として、リバースモーゲージを導入する。その際、国や自治体はこの制度をサポートしつつ、民間主導で展開するのが健全ではないでしょうか。

財政版「中央銀行」

橋爪　さて、消費税率三五％の、本筋に戻りましょう。

本書の提案を進めるには、消費税率三五％を、最低でも五〇年間は維持しなくてはなりません。それには政府が政権交代にもかかわらずに一貫した姿勢をもち、世代を超えて、国民の共通了解のもとに行動しなければならない。

消費税率を小刻みに上げて、最終的に三五％にするなどという、もっとデリケートなプランならなおのこと、世代を超えた強力な態勢が必要です。

でも、有権者は、三〇年も経てば、すっかり世代交代していく。そんななか、一〇〇年以上にもわたって政策プランを維持していくなんて、できるのか。どんな仕組みを用意すればよいのでしょうか。

小林　世代を超えて、国民的な合意を持続させるのは非常に難しいことです。けれども、専門家集団であれば、一〇〇年、二〇〇年と、基礎的な認識を持ち続けることが可能です。だとすれば、**財政問題についての専門家集団を養成し、日銀のような独立性をもたせて、長期間にわたってその認識が持続するようにする、という方策**が考えられます。

橋爪　具体的には？

小林　金融政策分野における中央銀行のような存在を、財政分野にも作るというイメージです。中央銀行は政治家や国民から独立した機関として、金融市場を管理しています。彼らは長期的な視野に立ち、専門家としての立場から、市場や経済の安定にとって最適な政策を行なっています。政治家はそれに干渉できませんし、選挙等で有権者からその是非が問われることもない。その財政版を作るんです。

実際、ヨーロッパでは財政学者が先頭に立って、そうした組織を作ろうとする動きが出てきています。ただ、財政というのは政治の根本ですから、その財政を政治から独立させるのは、民主主義に反すると言われかねない。ですから相当、慎重にやらなければなりません。財政の何を、政治から独立させるかと言えば、長期予測です。

先ほど述べた通り、日本政府は一〇年くらい先までしか財政予測を出していません。一〇〇年先の予測も計算できると思いますが、いま計算すると「かならず財政破綻する」という予測結果が出てくるので、政治的な責任を追及されるのを恐れて、おもてに出せないのです。さらに、内閣府、財務省、厚生労働省などがバラバラに自分に都合のいい仮定を置いて予測結果を発表したりしていて、政府全体で統一がとれていない。

そこで、政治的な責任とは無関係な専門家集団を作って、五〇年先、一〇〇年先の長期予測をしてもらう。政治家の意向に左右されず、自らの良心と専門知に基づいて、財政と経済の将来予測を立ててもらうのです。長期の財政予測であれば、「財政は政治が決める」という民主主義の原則から逸脱せずに済むはずです。そして政治家や官僚は、専門家集団が出した長期予測を尊重しなければなりません。国会でも、この長期予測に基づきながら、国債を発行し過ぎて財政破綻を招いたりしないよう、予算を決めていく。そういう仕組みを財政分野に作る。これが、いま考えられる最善の政策です。

小林　うーむ。似たような仕組みは、よその国にありますか。

橋爪　イギリスやオーストラリア、ニュージーランド、デンマークといった国で、独立性が保証された機関が議会あるいは政府内に設置されています。この機関に所属する専門家による長期的な財政予測に基づいて、各省庁は政策立案し、国会が議決をする。財政状況を改善する上で、こうした役割分担が効力を発揮しています。ですから日本も、財政再建を実現するための制度的な担保として、財政版「中央銀行」を創設すべきだと思うのです。

小林　問題は、財政版「中央銀行」にあたる専門家集団が、日本で、それと同じことが出来るかですね。

橋爪　財政と少し似た分野に、地球環境があります。イギリスは二〇〇八年に「気候変動法」を成立させました。政府と独立した委員会が、政策の立案と執行に責任をもち、議会に報告責任を負います。何十年にもわたる気候変動の予測にもとづき、諸外国と協調しつつ、排出できる炭酸ガスの総量を計算して、年次計画も立案している。年間の排出可能量を企業等へ割り当てるとともに、その権利を証券化して流通させ、排出量を守らなかったところには罰則を科すという、かなり強力な権限が与えられている。

地球環境分野なら、覚悟すればそこまでできる。炭酸ガスの削減は国際的な問題です。それに対して財政分野は、先ほどのお話のように、一国の問題で、もともと議会の権限なので、もう少しハードルが高いのではないか。

小林　たしかにそれは容易ではありません。選挙で選ばれた国会が税を決めるということが、民主制の根本ですので、税や予算を決定する権限を国会から切り離すことはできません。ただ、国会が税や予算を決める時に、財政をめぐる長期予測があったほうがいいと思うのです。専門家集団はそのためのものです。Aという政策を推進すればいずれ財政は破綻し、Bという政策であれば問題ないといった長期予測を立てて、これを議会に報告する。議会はその報告と矛盾しないよう財政政策を決めなければならないという法律を作っておき、財政を健全に維持しながら、単年度の政策要求を満たす税や予算を決めていく。その際、この制度の成否を決める重要なポイントとなるのが、自らを拘束するような法律を議会が作れるかどうか、ということです。

橋爪　まず、国会での徹底した討論が必要ですね。議員同士の討論もさることながら、専門家同士の討論です。議員はそれを聴いて、自分の考えを決める。

第二に、超党派の合意が必要です。少なくとも政権を担当しそうな政党は、こぞって議論に加わり、いったん合意したら、あとで政権が代わったからと反対に回ってはいけない。そういう合意形成です。

第三に、国会で超党派の合意ができたら、財政版「中央銀行」が定めたその年度の国債額の上限を超える支出を財務省はしてはならないという法律を定める。これで、国債の発行残高をコントロールする。予算ではなく、国債の発行残高に上限を設けるやり方が、わかりやすいでしょう。

小林　繰り返しになってしまいますが、一番難しいのは議会による自己拘束です。第Ⅰ部でも述べたように、赤字国債の発行は本来、日本では禁じられています。にもかかわらず、毎年法律を制定して、原則に反する赤字国債を出し続けている。これが日本の政治状況です。

橋爪　タバコ中毒のひとは、今月は一日一箱まで、来月は一日五本まで、みたいに数値目標を約束して、本数を減らしていくでしょう。国債もそれと同じで、財政版「中央銀行」が示す上限に従って、発行残高を計画的に減らしていくことにする。

小林　財政版「中央銀行」のよいところは、情報をオープンにできるということです。政府の意向に左右されず、長期予測をしっかり立てて、国会や国民に示すことができる。**予算案が、財政版「中央銀行」の答申と矛盾するような場合、国会は国民に対して納得のいく説明をしなければなりません。**そうなれば、一部の政治家が怪しい予算案を次々と積み上げるようなことはなくなるはずです。

橋爪　政治の横ヤリは、ほんとうに心配です。福祉を切り捨てるな、増税に断固反対だ、みたいな少数政党が連立に加わり、ダダをこねて、せっかくの超党派の合意を突き崩してしまう、みたいなケースです。

小林　あくまで日本は民主主義社会ですから、そうした動きを防ぐのはなかなか難しいでしょうね。ただ、財政版「中央銀行」が創設できれば、財政に関する情報がオープンになりますので、頑強な増税反対論者でも、あまり極端な主張はしにくくなるはずですし、国民のほうも、公開情報をもとに彼らの主張を検討すればいいわけですから、むしろ健全な議論が期待できるのではないでしょうか。

橋爪　もうひとつの手段は、国債の圧縮を、国際公約か、条約みたいなかたちで、対外的に約束してしまうことですね、いっそのこと。幕末から半世紀近く、日本は条約改正のために頑張った。それを参考にすると、明確な対外公約があれば、国内政治の力学に邪魔されず一貫した政策がとれるのではないか。

財政再建の条件とは？

橋爪　ここまでの議論をまとめてみましょう。

われわれはタイタニック号に乗っているようなもので、このままだと氷山に衝突して沈没してしまう。でも、うまく舵を切ればまだ間に合う。そう簡単ではありません。でも、やるしかない。

この大事業を成功させるための条件は、何でしょう。

小林　二つあります。**一つは国際環境が安定していること。もう一つは、国内秩序が安定しており、経済成長を可能にする潜在力が十分備わっていること**です。

橋爪　国際環境は、われわれの努力だけではどうにもできない面があります。どんな条件が整えば、安定していると言えるのでしょう。

小林　中国や朝鮮半島など東アジアの安全保障環境が混乱すれば、日本はその修復のために力を割かなくてはならなくなりますし、日本経済も混乱を来しかねません。ですから、日本を含む東アジアが平和で安定した安全保障環境を維持することが大前提となります。

橋爪　その根幹は、安定した日米関係だと考えていいですか。

小林　私はそう考えています。日米関係を前提とし、韓国とも友好な関係を保つ。これによって一定程度の外交力を確保し、周辺国で不測の事態が生じるのを抑止するというのが、最善の方策ではないかと思います。

橋爪　「日本はアメリカと手を切って、自立せよ」と説く人もいますが、私はそれには反対です。当面は日米同盟を基軸とするのが、賢明でしょう。

小林　自主独立は非現実的だと私も思います。むしろ日本は、アメリカ主導による東アジアの秩序維持に協力する必要がある。中国とも友好的な関係を構築し、両国間の緊張が高まらないようしなければなりません。中国を、国際秩序に対する挑戦者にしないことが肝心です。言うまでもなく中国は、日本にとってきわめて重要なマーケットです。将来的にはアメリカ以上に重要な市場となる可能性が高い。日本の経済界にとって、中国と対立していいことなど何一つありません。良好な関係を保つ以外、選択肢はない。しかし、政治的な側面で言うと、現在、日中間には深い亀裂が走っています。その修復が必要です。

橋爪　中国は、国内の矛盾が深まっているのは間違いない。ジニ係数（所得分配の不平等を測る指標）が、危険水域の〇・四を突破し、〇・五に達しているという話もあります。ほかにも不安定要因がいろいろあります。中国に何か突発的な事態があったとき、どうすべきか考えておかなくてはなりません。

小林　その通りです。中国で政変が起きたり、日中間で武力衝突が起きたりしたら、それがきっかけとなって財政危機が生じかねません。そうなってしまうと、経済・財政政策をいくら打とうが、もうどうにもなりません。

橋爪　もうひとつの条件、国内秩序のほうはどうでしょう。

小林　まず人口問題です。既に人口減少が始まっており、このまま行くと二〇六〇年には八〇〇〇万人を下回ってしまうかもしれません。一五〇年後には四〇〇〇万人にまで落ち込んでしまうという試算もある。これは明治初期の人口とほぼ等しい数です。ということは、明治維新以降、一五〇年かけて人口が増えていき、次の一五〇年で最初の段階に戻っていくということです。

こうした大規模な社会変動に備えて、社会の仕組みを作り替える必要があります。社会保障制度であれば、すでにお話ししたように、年金制度を賦課方式から積み立て方式へ転換しなければなりません。

技術開発も重要です。高齢化社会になれば、以前ほど車に乗る人もいなくなる。それに代わって、体が不自由になった高齢者が自立的な生活が送れるよう支援する機械へのニーズが高まっていく。他国では真似のできないそんなイノベーションが絶え間なく生まれてくれれば、日本経済は潜在的な成長力を維持することができます。このように、**社会の構造変化によって生じる新たなニーズに対応した新技術を作り出していくことが大切です。**

橋爪　まったく同感です。日本にはもの作りの伝統があります。それを活かして、介護ロボットを開発するなどをおし進め、高齢者が人口の半数に近くても暮らせる社会システムのパッケージを、作るチャンスが日本にはあるのです。医療や年金、保険、交通システム、教育、介護……、それらを相手国の事情に合わせて手直しして輸出する。「介護ロボット」は高くて買えない国もあるでしょうが、このパッケージは役に立つ。**高齢化を日本の弱点にせず、新たな成長のステップにする。**

小林　おっしゃるように、高齢化をネガティブに捉えるのは間違いで、これから五〇年、一〇〇年と続くわけですから、新しい技術や産業を生み出すための契機にすべきです。

「選択と集中」という国土設計

橋爪　従来の発想で従来の政策を続けると、財政が破綻して、日本がもたない。この観点から政策を点検すると、どんな課題が見えてきますか。

小林　いくつかの分野に分けて考えてみましょう。

まず、地域開発の問題を考えてみたいと思います。日本の人口が、向こう一〇〇年で今の半分以下になるとすれば、国土の隅々にまで道路を走らせ、上下水道も整備するといった「国土の均衡ある発展」は、もはや成り立たないと考えるべきです。「コンパクトシティ」という言葉があります。各地に中核的な都市をつくり、周辺地域から住民を集めていくという政策です。これによって、周辺地域の公共施設や道路、下水道は不要になりますので、国や地方自治体の経費がドラスティックに軽減されることになる。

橋爪　まったく賛成です。

そうなると現在の、都道府県という行政区画が邪魔になりませんか。

小林　大学にしても、地方の空港にしても、各県に一つではなく、もっと広域の中で一つを選択し、それ以外は廃止するという「選択と集中」が必要です。本当に必要な大学や空港だけを残して、無駄な部分は省いていかなければなりません。

橋爪　地方の公共交通機関も、撤収せざるをえない。

小林　赤字鉄道を撤収させるような場合、周辺住民の足が失われ、生活の質が低下してしまうという問題が生じます。こういう問題が起きないよう、人が住むエリアをもっと集中させる。「コンパクトシティ」という考え方を導入して、なるべく周辺住民が中核都市に住むよう、あるいは自然に住みたくなるような政策を考える必要がある。それにはいろんな知恵が必要で、すぐにはうまくいかないと思いますが、手をこまねいているわけにはいきません。

橋爪　地球環境にも、それは意味のある政策ですね。これが成功したら、都市化が進みつつある途上国のモデルになりますから、重要です。

小林　**「選択と集中」という原則に基づいて、人が住む範囲をダウンサイジングし、中核都市以外のところは自然が回復するようにする。**そういう国土設計を考えることが、これからの一〇〇年にとって重要ではないでしょうか。

二つ目の課題は、少子化にどう対応するかということです。人口減少がある程度のところで止まって、その状態が安定しなければ、社会構造を維持するのは難しい。ですから、少しでも早く出生率を回復させる必要がある。それには子ども手当のようなバラマキ政策ではなく、保育施設を増やしたり、高齢者が子育てに参加できるような仕組みを地域ごとに作ったりしてはどうかと考えています。

橋爪　賛成です。

教育費の負担を軽減する政策も必要です。子どもをもつのをためらう理由のひとつに、子どもに費用がかかり過ぎることがあります。費用の大半が教育費です。公立の小中高の経費はさほどではありませんが、大学の学費は高い。塾や予備校など、学校外教育の経費もかさむ。すると、親の収入を反映して、高所得層の進学率が高くなる。

では、どうすればいいのか。**中学高校の教育力を回復して、塾や予備校に行かなくてすむようにする。大学の入試をやめて、代わりに出口管理にする。奨学金の貸与を拡充して、費用負担すれば誰でも大学に行けるようにする。**『選択・責任・連帯の教育改革　完全版』（岩波書店、一九九九年）で提案した通りです。

小林　非常にラディカルな改革ですね。受験制度を廃止し、卒業資格を厳しくするという改革案は、高校でも大学でも効果がありそうです。

橋爪　そうです。

小林　大学には、学業成績が基準を満たさなければ自動的に退学させる仕組みがあってもいい。私がシカゴ大学の大学院生だったときには、クラスの半分は進級試験に合格できず退学しました。

「逆植民地」計画

橋爪　財政再建に役立つ施策として、ほかに何がありますか。

小林　二つあります。一つは移民についてです。若い移民が入ってくれれば、労働力として日本の社会に貢献し、また、所得税や消費税も支払ってくれるので税収が増え、財政状況の改善にも資するはずです。もう一つは女性の労働参加率を引き上げることです。諸外国と比べて日本は、まだまだこれが低い。

この二つを実現させられれば、日本経済も成長していくはずですし、税収も増える。それによって財政状況も改善します。ただ、移民に関しては懸念される点もある。数字だけで言えば、移民の受け入れは短期的には日本経済にとって確実にプラスになりますが、そのことで、受け入れ先の地域住民との間でいざこざが生じるといった摩擦が生じるかもしれません。また長期的には、移民が高齢化したときに医療や年金の給付をする必要も出てくるので、簡単ではない。そう考えると、移民を受け入れるという議論は、この時点ではまだハードルが高いような気がします。

橋爪　移民政策は、労働力不足など目先の損得計算で、決めてよい問題ではありません。専門知識や、しっかりした技術を持っている人に日本に来てもらうべきです。高いパフォーマンスを発揮してもらい、それに見合った報酬を提供する。送り出す相手国政府と協力して、地域社会を経営してもらうとよい。これを私は、「逆植民地化計画」とよんでいます。近くまとめて、書物として発表できるよう計画中です。

小林 そこまで行くとすごい。

橋爪 「逆植民地」では、外国人と日本人が一緒にコミュニティをつくります。

小林 面白い発想ですね。

橋爪 賃金水準は、移民の皆さんの出身国よりも高くなる。ただ、日本人よりは少し低くなるかもしれません。それを足場に、新しい企業がいくつも出てきて、成長していく。

小林 まさに移民特区ですね。

海外から来てもらうには、そういうブレイクスルーが必要なのですね。

橋爪 病院や道路、上下水道といったインフラは、日本では整備されています。学校もある。「逆植民地」では、出身国の言葉で教育をすればいい。子どもたちはいずれ母国へ戻って、立派な人材として活躍するはずです。

小林 あえて言えば、「逆植民地」システムがなければ母国に留まったであろうエリート層が、日本でうまく暮らしていけるかどうか……。

橋爪 せっかく高等教育を受けても、母国で就職チャンスに恵まれない人びとも多い。そうした人びとが、専門技能を伸ばしていけるのです。

小林　そう考えると、日本の「逆植民地」で働くという選択肢はかなり魅力的です。

自己統治への道

小林　**これからの日本にとっても、自治の回復はきわめて重要な課題**です。日本の民主主義はこれまで「上からの民主主義」でした。政府と国民の関係を考えても、政府という「お上」の意向が優先されてきた。江戸時代以降の日本人は、自分たちとは異なる向こう側の存在として、お上を意識してきたのではないでしょうか。一〇〇〇兆円にも上る借金が政府にあるというのに、国民がそれを「自分の借金である」と思わずにすませている根本的な理由もそこにあると思うのです。

自分たちのことは自分たちで統治するという作法が根づいていれば、国民は自国の財政状況にもっと関心をもつはずですし、政府に対して、長期的な見通しをきちんと出すよう要求するはずです。そう考えると、日本人の統治意識を変えることが、どうしても必要です。それこそ、町内会といった身近なところから、自治を回復しなければなりません。

中央政府も、これまで保持してきた数々の権限を、地方自治体へどんどん委譲していく。住民自治でできることは、どんなことであれ、自分たちでやる。それによって初めて、ボトムアップの自治に依拠した民主主義社会へと近づいていける。今回の財政危機を契機にそこまでできなければ、一〇〇年も経たないうちに、再び、同じような問題に直面することになってしまうのではないでしょうか。

橋爪　その通りだと思います。

少し別の角度から話をしてみます。日本人にとっての自治ということです。自治に対する日本人の原体験は、江戸時代の農村にあると思います。当時のムラには移動の自由がなく、一生、そこで過ごさなければならなかった。まさに運命共同体でした。この運命共同体の構成員が、外からの介入を排除して、幸せになるにはどうすればいいのか。それを考えるのが、日本流の自治でした。ムラならムラの構成員が、自分たちのルールを作っていた。法律があっても、それがムラに及ぶことを人びとは恐れました。**国の法律より、ムラのルールを優先する。これが、日本の組織文化の土台**となっている。

その結果、所属集団ごとにルールを作って、相手を縛り、自分を縛るのが習慣になりました。たとえば、学校には校則がある。企業も同じです。私の勤務先の大学にも、大学が決めたルールがあり、教授会が決めたルール、事務の人びとが決めたルールがあって、相手を縛り、自分を縛っていく。どうやら日本人は、こういうやり方を自治だと理解しているようです。

小林　興味深いお話です。

橋爪　これが外国なら、学校は、法律を教えます。市民法をほぼそのまま、学校に適用する。あなたたちが従うルールは市民社会のルールです、と教えているわけです。**自分が従うルールと、社会や国家の法律が同じでなければ、社会や国家について発言できません。日本人には政府を運営する習慣がない**のです。

小林　日本人には政府を運営する習慣がないというご指摘、同感です。そのためには、地方分権を進めて、住民自治を徹底するだけでは足りず、それとは別の手立てが必要だということですね。

橋爪　地方分権の推進には大賛成です。そのとき大事なのは、財政も分権することです。道路を造るかどうかも、自分たちで決めていく。中央の補助金に頼っていてはダメです。

小林　そうですね、まずは財政分権から始める。

橋爪　江戸時代のムラの自治の問題点は、ムラの外に武士がいて、年貢の使い方は武士が決めていたということだった。

小林　上からルールを押し付けられて、自分たちが収めた年貢の使い道について、自分たちで決められなかった。

橋爪　ムラの自治の限界を、武士が補っていたが、いまや武士たちはどこかへ行ってしまい、ムラの習慣だけが残っている。

小林　自分たちで税金を醵出《きょしゅつ》し、その使い道も自分たちで決めていくという練習を、一刻も早く始めなくてはなりません。

橋爪　そうです。**ムラのルールと、社会や国家が分離している状況を解消しなければなりません。それが、日本の民主主義の根本課題**です。日本の財政がこんな状態になっているということは、江戸時代になぞらえるなら、年貢がどう使われているかがわからないということです。

小林　まさにその通りです。税金の使い道を、自分たちで決めてこなかったツケが、こういうかたちで現れている。

橋爪　国債の発行残高を減らすということは、年貢を減らすみたいなことです。国民からすれば、賛成！とならなければならない。

小林　**自分たちのことは自分たちで決める。そうした自己統治をまずは体験することが必**要だと痛感しました。

橋爪　おっしゃる通りです。ようやく出口が見えました。

クライシス回避のポイント

1　消費税率を三五%より低く抑える場合は、年金制度や高齢者医療をいっそう踏み込んで改革し、歳出を切り詰める必要がある。

2　長期にわたる財政再建に責任をもつ、専門家からなる財政版「中央銀行」を、創設すべきである。

3　日本国民は、自分たちが払った税金の使い道を自分たちで決める、自己統治を身につけるべきだ。

あとがき

　日本の財政が悪化している、ということは誰でも知っています。このまま財政再建ができず、「財政破綻」のような事態になると、国民生活はどうなるのでしょうか。本書では、かなり踏み込んだ予想を大胆に議論しました。正直に言って、現在の経済学の理論や実証研究からは、「財政破綻」で何が起きるかを確実に予想するということはできません。だから、本書のシナリオが絶対に起きる、とは断言できません。しかし、「論理的に考えて、かなりの確率で起きるだろう」と思えることは、すこし大胆でも、あえて書くことにしました。

　確実ではなくても、かなり高い確率で起きるかもしれないのなら、最悪の事態について警鐘を鳴らすのは政策科学に携わる者の責任だと思うからです。

　しかしこういう考え方は少数派かもしれません。あとで「間違っていたではないか」と人から指摘される可能性があるようなことは、思っていても口にしないのが学者の処世術です。しかし専門家が「財政破綻が起きると一〇〇％断言できるわけではないから……」と考えて沈黙しているとしたら、それは大きな不作為、すなわち、重大な政策選択をするチャンスを日本国民から奪うような不作為になるのではないか、と思うのです。政策を司るものや政策を研究するものは、楽観論に流されず、一般の人が日頃考えないような最悪の事態を常に想定して備えをすることこそがその存在意義なのだと私は考えています。本書はそういう思いを橋爪先生と共有できたことで生まれました。

というわけで本書では最悪のケースばかりを論じていますが、必ずこのシナリオ通りになると言いたいわけではありません。むしろ、わたしたちは本書の予想は外れてほしいと切に願っています。

言いたいことは、最悪のシナリオを防ぐための政策をいま実行するべきだ、ということなのです。

私がこの対談に参加した動機は、私の年齢（四〇代）も関係しています。いまの四〇代はこれから財政破綻のコストをもろにかぶることになりそうだからです。

日本の財政の現状を考えると、これから数年はなにごともなく過ぎるかもしれません。本当に危機的になるのは、いまから一〇年後～二〇年後でしょう。本書のシナリオのように危機的な状態から回復するまでに、さらに一〇年〜二〇年の歳月がかかるとすると、いま四〇代の筆者は悲惨な老年期を過ごすことになります。いまの七〇代、八〇代の人は財政破綻が起きる前にこの世を去ることができる「逃げ切り」世代かもしれませんが、いまの三〇代、四〇代、五〇代、六〇代の人は逃げ切れないのです。私が高齢者になったときに、日本が最悪の状態になるのは勘弁してほしい。一個人として考えても、財政を立て直す改革を私が若いうちに、早く実行してもらいたいのです。これは今の三〇代〜六〇代の人々の共通の願いであるはずです。

本書は、増税や歳出カットの痛みがあっても財政を再建しなければいけない、という当たり前のことを主張しています。当たり前のことができなければ、私たちの老後は悲惨なことになる。先人が築いてきた経済大国の土台は崩れ、子孫に遺せるのはみすぼらしく窮乏した日本になってしまうかもしれません。

この本をきっかけに、日本の財政のこれからを、自分自身の問題として読者の皆さんに考えていただければ幸いです。

本書は、多くの方々の力によって生まれました。特に、著者二人を引き合わせてくれた筑摩書房の石島裕之さんは、企画から編集まですべての作業を切り盛りしてくれた本書の実質的な生みの親です。また、原稿作成にご尽力いただいた文筆家の荻野進介さん、著者二人の写真を撮って下さった増田智泰さん、この本のデザインを担当して下さった水戸部功さんなど、多くのご支援をいただきました。著者を代表して、心より感謝いたします。

小林が対談で語った内容は、キヤノングローバル戦略研究所や東京財団の研究会をはじめとする様々な機会での議論によってかたちづくられたものです。特に、アトランタ連邦準備銀行のトニー・ブラウンさんと南カリフォルニア大学のセロ・イムロホログルさんには、いつもたくさんの助言と示唆をいただいています。お名前を出すことは差し控えますが、政策当局、学界、シンクタンクなどにいて著者たちと思いを同じくする多くの方々の支えがなければ本書はできませんでした。ここに深く感謝いたします。

二〇一四年晩夏

小林慶一郎

本書は二〇一三年一〇月一八日、一一月九日、一二月一日の三回にわたって行なわれた対談を活字化し、これに大幅な加筆修正を加えて一書としたものである。

橋爪大三郎（はしづめ・だいさぶろう）
1948年、神奈川県生まれ。社会学者。1977年、東京大学大学院社会学研究科博士課程単位取得退学。理論社会学、比較宗教学、日本プレ近代思想研究など、幅広い領域で活躍。1995〜2013年、東京工業大学教授。著書に『国家緊急権』（NHKブックス）、『ふしぎなキリスト教』（共著、講談社現代新書）、『世界がわかる宗教社会学入門』（ちくま文庫）、『労働者の味方マルクス』(現代書館)、ほか多数。

小林慶一郎（こばやし・けいいちろう）
1966年、兵庫県生まれ。経済学者。現在、慶應義塾大学経済学部教授、キヤノングローバル戦略研究所研究主幹。シカゴ大学大学院博士課程修了（経済学）。金融危機、マクロ経済学、経済思想を中心に研究を展開。著書に『日本経済の罠』（共著、日本経済新聞社、日経・経済図書文化賞、大佛次郎論壇賞奨励賞）、『日本破綻を防ぐ2つのプラン』（共著、日経プレミアシリーズ）、『逃避の代償』（日本経済新聞社）などがある。

ジャパン・クライシス

ハイパーインフレがこの国《くに》を滅《ほろ》ぼす

2014年10月20日　初版第1刷発行

著　者　橋爪大三郎《はしづめだいさぶろう》＋小林慶一郎《こばやしけいいちろう》
造本・装丁　水戸部 功
カバー写真　増田智泰
発行者　熊沢敏之
発行所　株式会社筑摩書房
東京都台東区蔵前2-5-3
郵便番号　111-8755
振替　00160-8-4123
印刷　加藤文明社
製本　積信堂

ISBN 978-4-480-86433-8　C0033

筑摩書房サービスセンター
郵便番号 331-8507　さいたま市北区櫛引町2-604
電話番号 048-651-0053